Cómo Dios sana el alma herida

Herramientas clínicas respaldadas por evidencia y sabiduría bíblica para sanar traumas, adicciones y heridas del alma

Todd K. Duke

Derechos de autor

Primera edición en español: 2024

Publicado en los Estados Unidos de América

Impreso en los Estados Unidos de América

Este libro no pretende sustituir el asesoramiento profesional, el tratamiento médico ni el apoyo de emergencia. Si bien ofrece herramientas clínicamente informadas y conocimientos espirituales, algunas personas pueden beneficiarse **al trabajar con un terapeuta o un profesional de la salud con licencia**. Si está en crisis, busque ayuda de un profesional calificado o comuníquese con los servicios de emergencia.

Publicado originalmente **con** el título *Recuperación espiritual*

ISBN para tapa blanda: 979-8-90224-015-0

Contenido

Dedicación

A mi esposa y a mis hijos: Son el mayor regalo que él podría darme. Gracias por caminar conmigo con amor, paciencia y gracia. Oro para que este libro sea una bendición para ustedes y para todos aquellos que buscan la sanidad del alma.

A los líderes de grupos pequeños: gracias por su dedicación y por crear espacios donde las personas pueden compartir, sanar y crecer juntas. Oro para que Dios continúe usando su servicio para acompañar a quienes buscan esperanza y restauración.

A todo el personal militar, veteranos, oficiales de policía, bomberos, socorristas de EMS y profesionales de la salud: gracias por su servicio dedicado. Gracias por protegernos, por cuidarnos en momentos de necesidad y por seguir adelante aun cuando esas experiencias dejan heridas morales profundas. Oro para que encuentren fortaleza, consuelo y renovación en la presencia de Dios.

A todos los que han experimentado dolor, trauma o heridas invisibles: que encuentren esperanza, descanso y sanidad en las manos del Dios que restaura el alma.

Reconocimientos

Dios Padre, gracias por tu amor y tu plan eterno para nosotros. Gracias, Jesús, mi Salvador. Gracias, Espíritu Santo, mi consolador, maestro y compañero de escritura.

Chris Campbell, realmente aprecio tu aliento y tu confianza en mi capacidad para escribir un libro que ayude a los líderes de grupos pequeños a guiar a sus miembros a través de experiencias traumáticas pasadas y mecanismos de afrontamiento adictivos.

Agradezco a Gateway Fellowship Church por sus sólidas enseñanzas bíblicas, la capacitación en los ministerios de grupos pequeños y de recuperación, su fe en mí y las oportunidades de servir. A mis compañeros del ministerio de recuperación, su compromiso desinteresado de ayudar a los demás es una luz brillante en un mundo turbulento.

Gracias a la Iglesia Metodista Global de Northwest Hills por los maravillosos pastores de jóvenes durante los años más jóvenes de nuestros hijos, por la sólida enseñanza bíblica y por las muchas oportunidades de servir a lo largo de los años.

Gracias, Allison East y North Parade Press, por la portada perfecta del libro.

Capítulo 1
Cuando la ansiedad y las emociones se apoderan de ti

Primera parte: Comprender el cerebro.

El salmista clama:
Sálvame, oh Dios,
porque las aguas del diluvio me llegan hasta el cuello.
Cada vez más profundo me hundo en el fango;
No puedo encontrar un punto de apoyo.
Estoy en aguas profundas,
y las inundaciones me abruman.[1]

¿A veces te sientes abrumado y no puedes decir por qué? ¿Hay una pesadez dentro de ti que te pesa? ¿Los comentarios o recuerdos inesperados desencadenan emociones que se apoderan temporalmente de ti, dejándote arrepentido de tus reacciones? ¿Te sientes enojado, estresado, ansioso, agotado o llorando fácilmente? ¿Hay algo en tu pasado o un problema recurrente en tu vida diaria que te mantiene nervioso?

Tal vez hayas notado un cambio en alguien que te importa: un hijo, una hija, un cónyuge o un amigo. Al principio, no lo cuestionaste, pero ahora está afectando tu relación. Se han vuelto distantes, más fríos, más enojados o más defensivos. Su apariencia, estado de ánimo, música y amigos han cambiado. Las discusiones ocurren con más frecuencia. La comunicación se siente tensa. Desea comprender para poder ayudar, pero no sabe por dónde empezar.

Las heridas emocionales pueden penetrar profundamente en el alma, afectando negativamente nuestras percepciones y comportamiento, lo que lleva a la ansiedad y la depresión. Tendemos a aislarnos de los demás, y cuando eso es difícil debido a compromisos laborales o familiares, nos encerramos en nosotros mismos, lo que hace que los factores estresantes cotidianos sean cada vez más difíciles de manejar. Es frustrante que las

---

[1] Salmo 69:1–2 (NTV)

cosas que creemos que "deberíamos" poder manejar a menudo nos abrumen, dejándonos enojados y molestos.

Bienvenidos a Cómo Dios sana el alma herida

En este mundo acelerado, muchos de nosotros no tenemos tiempo para explicaciones complicadas. Es por eso que he escrito este libro con brevedad intencional, presentando cada tema de forma clara y práctica, destilando conceptos de recuperación basados en evidencia y sabiduría bíblica en una guía accesible y práctica. Ya sea que estés trabajando en la recuperación solo o en un entorno de grupo pequeño de apoyo, cada capítulo está diseñado para brindarte las herramientas que necesita sin detalles abrumadores.

Simplifico el concepto de trauma, no subestimando su profundidad o impacto, sino reconociéndolo como una experiencia personal con varias expresiones. Las personas responden a las heridas profundas de manera diferente: algunas se encierran en sí mismas, mientras que otras buscan alivio en distracciones, adicciones o hábitos poco saludables.

Lo que la recuperación secular a menudo pasa por alto

La mayoría de las terapias clínicas pasan por alto la importancia de una relación con nuestro Creador, y muchos principios bíblicos fundamentales siguen siendo desconocidos o incomprendidos. La recuperación sin Dios es simplemente un esfuerzo humano, y ¿cuántas veces hemos tropezado por nuestra cuenta?

Te animo a que trabajes en esta guía tanto individualmente como con un grupo pequeño. La comunidad es una parte vital de la recuperación. Con suerte, tu iglesia ofrece un ministerio de grupos pequeños. Si no es así, ¿tienes un buen amigo o amigos que puedan trabajar en esto contigo?

Este libro se divide en tres partes:

1. Comprender el cerebro
2. El carácter de Dios

3. Tu nueva historia y propósito

Comenzaremos examinando cómo el cerebro procesa el trauma. Algunos recuerdos pueden estar justo debajo de la superficie, mientras que otros están profundamente reprimidos y ocultos de nuestra conciencia. A través de la escritura expresiva y la discusión grupal, que es una forma de terapia de conversación, sacaremos estos recuerdos a la luz. También exploraremos cómo reacciona el cerebro a los desencadenantes sensoriales y, lo que es más importante, cómo podemos manejar nuestras respuestas.

A continuación, cambiaremos nuestro enfoque a la naturaleza de Dios. Muchos de nosotros tenemos puntos de vista distorsionados de quién es Él, moldeado por experiencias pasadas, dolor o conceptos erróneos. Sin embargo, redescubrir su carácter y plan redentor es crucial para la curación espiritual y emocional. También hay verdades fundamentales sobre el cristianismo que a menudo se malinterpretan. Los exploraremos, tomando medidas para transformar nuestra "vieja" historia en algo nuevo.

Finalmente, reescribiremos nuestra narrativa, no ignorando lo que sucedió, sino viéndolo a través de una nueva lente. Tu pasado no te define; Dios puede redimir tu historia. Dios tiene un propósito para tu historia, y juntos, daremos los siguientes pasos hacia la sanidad, la redención y un futuro esperanzador.

Dios se preocupa por ti, incluso si aún no lo conoces personalmente. Él desea que te liberes de las heridas del alma que llevas en lo más profundo de tu interior. Él te ayudará a recuperar tu vida y te guiará hacia un propósito divino. Las siguientes Escrituras y reflexiones están destinadas a alentarlo. Todos los versículos de la Biblia en esta guía son de la Nueva Traducción Viviente a menos que se indique lo contrario. Incluyo las Escrituras para que dondequiera que vayas con esta guía, tengas algo de la palabra de Dios contigo.

¡Empecemos!

> Así que acerquémonos confiadamente al trono de nuestro Dios misericordioso. Allí, recibiremos su misericordia y

> encontraremos la gracia para ayudarnos cuando más lo necesitemos.[2]
>
> Con la bondad de Dios para desear nuestro mayor bienestar, la sabiduría de Dios para planificarlo y el poder de Dios para lograrlo, ¿qué nos falta? Seguramente, somos los más favorecidos de todas las criaturas.[3]

El siguiente capítulo sirve como una oración, una invitación abierta a dar la bienvenida a Dios en tu viaje de sanación. Respira hondo, lee con el corazón abierto y deja que su presencia te encuentre justo donde estás.

---

[2] Hebreos 4:16

[3] A. W. Tozer, El conocimiento de lo sagrado (Nueva York: HarperCollins, 1961), 64.

Capítulo 2
Una oración por la presencia de Dios

Dios Todopoderoso, lleno de poder y gracia, justicia y misericordia, sabiduría y paciencia, verdad y gozo, gracias por su amor que está disponible gratuitamente y por esperarnos con paciencia hasta que respondamos a él.

Perdónanos por pasarle por alto y llenar nuestros días con lo superficial. Perdónanos por dudar de las enseñanzas de Jesús. Perdónanos por tratar su palabra, la Biblia, como anticuada e irrelevante.

Reconocemos nuestros defectos y pedimos su perdón. Confesamos que hemos intentado escondernos de su omnipresencia cuando deberíamos haberle dado la bienvenida a nuestras vidas. Priorizamos la inteligencia humana sobre su omnisciencia. Dudamos de su omnipotencia en tiempos de angustia.

Sin embargo, cuando le buscamos sinceramente, descubrimos que ya está con nosotros. A medida que llegamos a conocerle, el estrés de la vida diaria disminuye y nuestro mundo se vuelve más vibrante y hermoso. La esperanza, el amor y la paz habitan en usted, y la vida con usted supera todo lo que el mundo puede ofrecer.

Usted es nuestra fortaleza y aliento en tiempos de prueba. Este mundo sirve como una parada temporal en un viaje que dura para siempre, con la eternidad como nuestro objetivo. Cada persona que creaste posee significado y propósito dentro de un contexto más amplio. Conocer y experimentar la Santísima Trinidad produce inspiración divina.

Gracias por abrir un camino hacia su santa presencia a través del sacrificio voluntario de Jesús. Él es nuestro Redentor y Salvador, el Camino, la Verdad y la Vida en quien confiamos.

Por favor, guíanos a través de esta guía sobre este tema delicado para que podamos entendernos mejor a nosotros mismos y a ti. Por favor, asegúrenos su perdón y enséñenos cómo perdonar a los demás. Muéstranos un propósito mayor y las recompensas que provienen de servir a los demás.

En el nombre de Jesús, Amén.

Capítulo 3
Herramientas de nuestra recuperación

Establecer expectativas

Luchamos con preguntas como:

- ¿Por qué Dios permite (complete el espacio en blanco)?
- ¿Por qué las personas se hacen cosas horribles entre sí?
- ¿Por qué hay enfermedad y muerte?

Dios no nos niega la experiencia humana, aunque un día esa realidad cambiará. Aceptar que actualmente vivimos en un mundo poco saludable, física, emocional y espiritualmente, es esencial para la recuperación porque nos recuerda que no podemos depender únicamente de terapias humanas. Si bien es necesario enfocarnos en nuestras experiencias individuales, debemos considerar las causas fundamentales más profundas de la naturaleza pecaminosa de la humanidad, algo que exploraremos más a fondo a medida que avancemos en esta guía.

Dios no está ausente, ni ignora nuestro dolor. En cambio, entró en él y lo experimentó. Se hizo humano y caminó entre nosotros. Encontró alegrías y tristezas, risas y lágrimas, amigos y enemigos, y la insoportable soledad y el dolor de la crucifixión. **Dios experimentó lo que significa ser humano, y vivió entre nosotros para que, a través de él, pudiéramos aprender a vivir conforme al propósito de Dios.** Él enseñó y demostró una mejor manera de vivir en la Tierra y nos señaló hacia una esperanza futura en la Eternidad, un tiempo en el que él hará que todas las cosas sean completas y restauradas. Hay un camino: debemos llegar a conocer a Dios a través de Jesús. Jesús dijo:

> Y esta es la manera de tener vida eterna: conocerte a ti, el único Dios verdadero, y a Jesucristo, a quien enviaste a la tierra.[1]

---

[1] Juan 17:3

Si nos tomamos el tiempo para conocer a Dios a través del estudio de la Biblia, descubrimos que lo que él nos ofrece es mucho mejor que cualquier cosa que el mundo proporcione. Por desafiante que parezca, la verdadera paz viene cuando le damos a Dios nuestras vidas, no solo partes de ella. Si tratamos de dividir nuestras vidas, dando la mitad a Dios y la otra mitad al mundo, nos preparamos para la angustia repetida.

Algunas personas se apresuran a ofrecer consejos a los que sufren, pensando que saben lo que necesitamos. La simple verdad es que si no han experimentado las profundidades de la desesperación causada por el trauma, el abuso o la adicción, no nos conocen lo suficientemente bien como para darnos consejos. (Sí, he estado allí). Los eslóganes eclesiásticos o lanzarnos un verso tampoco ayudan, pero apoyarnos en silencio sí.

Herramientas para nuestra recuperación

Un aspecto clave del enfoque de este libro es poseer y utilizar plenamente un diario. Si no tienes uno, por favor confía en mí y compra uno. Desarrollar la autodisciplina para comenzar a escribir un diario, especialmente si nunca lo ha hecho antes, puede ser un desafío al principio. Sin embargo, es una terapia poderosa y beneficiosa que te ayuda a procesar tus pensamientos y emociones. La investigación clínica apoya la escritura expresiva y la terapia de conversación. Escribir un diario lo ayudará a prepararse para las discusiones grupales, así como a compartir su historia y escuchar a los demás. La empatía desarrollada al compartir historias en un grupo cercano apoya la recuperación. Escribir un diario también es donde registramos nuestras conversaciones con Dios y aprendemos a escuchar a su Espíritu Santo.

Te animo a que revises esta guía con el grupo pequeño de tu iglesia o con un círculo cercano de amigos. Cada capítulo presenta indicaciones para escribir un diario y preguntas de discusión para el grupo. Usa las preguntas como guía, pero siéntete libre de explorar preguntas e inquietudes adicionales dentro de su grupo.

Este libro no cubre todas las opciones de recuperación y tratamiento disponibles. A veces, es posible que necesitemos la ayuda de un médico, terapeuta y pastor. Pero escribir un diario y aprender sobre Dios, tal vez de maneras en las que nunca has pensado, es un enfoque exitoso. Ha funcionado para mí y para muchos otros.

El apóstol Pablo

El apóstol Pablo, quien escribió gran parte del Nuevo Testamento, se encontró con múltiples experiencias traumáticas a lo largo de su vida, algunas de las cuales causó y presenció, mientras que otras le fueron infligidas. Nunca olvidó cómo era su vida antes de conocer a Jesús. Esto lo motivó a nunca volver a sus viejas costumbres y embarcarse en una nueva vida con propósito. Dios tiene una nueva vida planeada para ti. Pablo escribió:

> Este es un dicho digno de confianza, y todos deberían aceptarlo: "Cristo Jesús vino al mundo para salvar a los pecadores", y yo soy el peor de todos. Pero Dios tuvo misericordia de mí para que Cristo Jesús pudiera usarme como un excelente ejemplo de su gran paciencia incluso con los peores pecadores. Entonces, otros se darán cuenta de que ellos también pueden creer en él y recibir la vida eterna.[2]

Indicaciones para escribir en un diario y preguntas grupales

1. Para comenzar, escribe en tu diario por qué elegiste este libro.
2. ¿Qué piensas sobre "Dios no nos niega la experiencia humana"? ¿Es justo o injusto, necesario o innecesario?
3. ¿Qué significa que Jesús vino a vivir como nosotros para que podamos vivir como él?
4. ¿Qué esperas obtener de Dios en este estudio? Díselo. ¿Qué debe esperar de ti? Escribe tus respuestas en tu diario.
5. ¿Algo te llamó la atención en los capítulos 1 y 2? ¿Qué opinas de la cita de A. W. Tozer o de los versículos de Hebreos 4:16?
6. ¿Qué quería el apóstol Pablo que otros se dieran cuenta?

---

[2] 1 Timoteo 1:15-17

7. En tu grupo pequeño, pide a cada persona que comparta algo sobre sí misma, como su estado civil, familia, trabajo, intereses o pasatiempos. Una vez que todos se hayan familiarizado, procede con las preguntas anteriores.

Capítulo 4
Recuerdos fragmentados

Tienes una historia sobre cómo llegaste a este momento. No se trata de una ubicación física, sino de tu percepción mental y emocional de la realidad. Tienes una historia, pero es posible que no la recuerdes completamente. Un día, volver a contar tu historia puede ayudar a otra persona y glorificar a Dios. Sin embargo, hasta que puedas aplicar todo lo que aprendes de esta guía, es mejor mantener tu historia dentro de tu pequeño grupo. A veces, cuando compartimos nuestra historia, creemos que estamos listos, pero podemos sorprender o abrumar a los demás. Podríamos retratarnos a nosotros mismos como la víctima o el héroe antes de comprender toda la historia. Si nuestra historia no es del todo precisa, puede extenderse a otros y dañar las relaciones. Se requiere repetición en la reescritura y en volver a contar la historia para que todas las piezas se unan, y esto no es casualidad.

Nuestros cerebros procesan recuerdos dolorosos en diferentes áreas, lo que puede hacer que se experimenten como fragmentos. La respuesta inicial generalmente está vinculada a la amígdala, la región del cerebro que maneja las emociones y las reacciones ante el peligro. Sin embargo, la amígdala activa respuestas emocionales intensas y, a veces, puede reaccionar de forma exagerada, como cuando te encuentras con un desencadenante. Más adelante, exploraremos esto con mayor detalle.

La curación completa implica descubrir lo que está oculto, a menudo las partes dolorosas y angustiantes. Es comprensible que tendamos a evitar este proceso, pero es parte esencial de nuestra recuperación. Una cosa importante para recordar es que tu historia es exclusivamente tuya y no debe compararse con la de nadie más. En tu grupo pequeño, anímense unos a otros a abstenerse de comparaciones como: "Me siento culpable. Mi trauma ni siquiera se compara con el tuyo", ya que cada historia merece ser escuchada con respeto.

Otras cosas que tratamos de ocultar son los "pequeños pecados" habituales y las adicciones. Estos necesitan salir a la luz junto con tus experiencias traumáticas. En mi experiencia, la mayoría de las personas con adicciones llevan profundas heridas emocionales, a menudo derivadas del abuso infantil o de lo que han presenciado en el trabajo. Cuando pensamos en la adicción, pueden venir a la mente sustancias como las drogas y el alcohol, así como la pornografía y los comportamientos sexuales habituales. Sin embargo, estos no pertenecen a una categoría separada de "peores pecados", como si algunos fueran más dignos de vergüenza que otros. Comportamientos como la ira, la amargura, la mentira, la crítica, las quejas y los chismes pueden ser igual de dañinos y pecaminosos.

Nuestra imagen mental de la realidad

Las imágenes mentales, ya sean precisas o no, influyen en nuestro comportamiento. Identificamos rápidamente los errores y patrones dañinos en los demás, pero somos más lentos para reconocerlos en nosotros mismos. Es fácil juzgar a los demás, pero es difícil detenernos y observar con honestidad nuestras propias acciones.

Podemos albergar sentimientos profundos de ira, resentimiento u odio hacia los demás, hacia nosotros mismos o hacia las experiencias que hemos soportado: el soldado frente a la guerra; el primer respondedor frente a incendios o accidentes; el profesional de la salud frente a decisiones de vida o muerte; el niño frente al abuso sexual o el abandono; el cónyuge frente al abuso verbal o físico. La lista continúa, porque el dolor adopta muchas formas.

Estos sentimientos y experiencias dan forma a nuestra visión de la vida a nivel subconsciente. Otros pueden tener sentimientos subconscientes similares que se nos ocultan e influyen en sus percepciones y comportamientos. Con demasiada frecuencia, no consideramos esta posibilidad en nuestras interacciones. En cambio, juzgamos rápidamente cómo nos tratan, lo que puede llevar a la confrontación o, por el contrario, a retirarnos y aislarnos. En lugar de preguntar, evitamos y buscamos distracciones, a menudo poco saludables.

Pero no estás solo. Cientos de millones de personas desarrollan mecanismos de afrontamiento, algunos de los cuales resultan en hábitos y adicciones que son autodestructivos, tanto física como relacionalmente. De esta manera, podemos lastimar a otros a quienes nunca tuvimos la intención de dañar. La culpa puede conducir a una disminución de nuestra autoestima y sentido de valor personal. Nos volvemos personas que se desprecian a sí mismas y buscamos formas de adormecer el dolor o castigarnos a nosotros mismos, pensando: merezco lo que me pasó. *No sirvo para nada. El mundo estaría mejor sin mí.*

Este diálogo interno negativo, esa voz interior que critica, duda o desanima, refuerza los sentimientos de fracaso e indignidad. Distorsiona la realidad, exagera los errores y hace que los desafíos parezcan imposibles de superar. Si no se aborda, puede provocar pensamientos suicidas. Si experimentas estos pensamientos, compártelos con tu grupo pequeño, pero es posible que también necesites asesoramiento inmediato de un pastor o consejero. Busca ayuda de inmediato. Tu vida tiene valor y merece apoyo. Más información está disponible en la Línea de Vida de Suicidio y Crisis 988. Según su sitio web:

> "Si necesitas hablar, la línea de vida 988 está aquí. En la Línea de Prevención del Suicidio y Crisis 988, entendemos que los desafíos de la vida a veces pueden ser difíciles. Ya sea que estés enfrentando problemas de salud mental, angustia emocional, problemas de consumo de alcohol o drogas, o simplemente necesites a alguien con quien hablar, nuestros atentos consejeros están aquí para ayudarte. No estás solo".[1]

Después de los últimos párrafos, hagamos una pausa por un momento y respiremos hondo. Repítete a ti mismo que Dios te ama, incluso si él parece distante en este momento. Reflexiona y mientras navegamos juntos por este viaje, lo encontrarás siempre presente. Esta es una verdad en la que pronto aprenderás a confiar, sin importar las circunstancias. Jesús vino a demostrar el amor de Dios, que discutiremos en capítulos posteriores. ¡Persevera! ¡Hay esperanza y curación! Ya has dado el primer paso al coger este librito y llegar hasta aquí. ¡Has comenzado el proceso y las felicitaciones están en orden!

Indicaciones para escribir en un diario y preguntas grupales

---

[1] 988 Línea de Vida de Suicidio y Crisis." Consultado el 19 de febrero de 2025. [https://988lifeline.org/]

1. Reflexione sobre cualquier experiencia traumática que hayas encontrado, ya sea en el pasado o en el presente. Tus pensamientos pueden sentirse fragmentados, pero está bien. Escribe lo que te venga a la mente en tu diario.

2. Considera lo que nunca has compartido de tu pasado. Resiste la tentación de mantenerlo oculto. Anótalo para que semanas, meses o incluso años después, puedas revisarlo y celebrar tu progreso.

3. ¿Qué posibles adicciones o hábitos poco saludables (mecanismos de afrontamiento) estás ocultando? Sé honesto contigo mismo mientras escribes. Tu diario es privado. Con el tiempo, podría considerar compartir esto con un compañero de responsabilidad, pero no hoy. Tómese tu tiempo para familiarizarse con su grupo. Recuerda, no todo lo que escribes necesita ser compartido.

4. Escribir un diario puede evocar varias emociones y flashbacks. Esto es normal, así que no tengas miedo. Es importante registrar esos sentimientos junto con tus recuerdos. Una sola palabra o frase corta puede ser suficiente; no hay necesidad de pensarlo demasiado. Escribe tan poco o tanto como te sientas cómodo en esta etapa inicial, pero mantén el tiempo por debajo de los veinte minutos. Es posible que a veces te resulte útil usar letras mayúsculas o bolígrafos y lápices de colores.

Capítulo 5
Un vistazo rápido a mi historia

He vivido varias experiencias traumáticas, tanto de niño como de adulto. Comparto esto para hacerte saber que he enfrentado momentos de desesperación. Si bien es posible que no comprenda completamente tu dolor, es probable que compartamos sentimientos y comportamientos similares.

Cuando era niño, intenté suicidarme dos veces ahorcándome y fracasé. Pensé que era demasiado estúpido para descubrir cómo hacerlo bien porque cada vez terminaba de puntillas. Muchos años después, bajé al sótano de nuestra casa y encontré una caja con mis viejos juguetes. Dentro estaba el lazo de juguete que había usado para ahorcarme. Tiré de él y se estiró en mis manos. Era de algodón tejido suelto y hueco por dentro. Recuerdo haber metido la cabeza en el lazo y haber atado el otro extremo. Era demasiado joven para entender que se estiraría, pero recuerdo que quería morir.

Como adulto, he experimentado pensamientos suicidas. Cada vez, estaba en una profunda angustia espiritual, lo que me impedía pensar con claridad. En última instancia, la idea de lastimar a mi esposa e hijos me impidió seguir adelante.

Los médicos me diagnosticaron depresión y me recetaron medicamentos que calmaron mi ansiedad pero no promovieron la curación. Seguí empujando por la vida. . . hasta que una mañana, mi esposa y yo pensamos que estaba teniendo un derrame cerebral. Llamó a una ambulancia y me llevaron de urgencia al hospital.

Después de una noche de pruebas, mi familia se reunió en mi habitación del hospital al día siguiente, esperando ansiosamente noticias. Un hospitalista y un residente, ni siquiera un neurólogo, entraron en mi habitación. Con poca expresión y poca preocupación, me informaron que había experimentado un colapso mental y que debía buscar ayuda psiquiátrica. Me sentí humillado. Aquí estaba yo, un esposo y padre acostado en una cama de hospital, ¿y por qué? Porque no podía hacer frente a los recuerdos reprimidos de mi infancia y al estrés continuo de trabajar en la industria de la salud.

Permíteme compartir una carta médica privada y personal que se envió a mi empleador. Entiendo que perderás tu privacidad cuando se publique este libro, pero valdrá la pena si anima a una sola persona a continuar leyendo y actuar según los consejos presentados en este libro.

> El Sr. Duke sufrió un colapso físico y mental el (fecha). Experimentó síntomas consistentes con un accidente cerebrovascular, que incluían visión borrosa, dificultad para hablar, hemiparesia del lado derecho y dolor de cabeza intenso. Las pruebas de diagnóstico descartaron un accidente cerebrovascular significativo y los médicos determinaron que el episodio del Sr. Duke probablemente se debió a un estrés crónico y severo. . . El Sr. Duke continúa experimentando síntomas físicos de pérdida de equilibrio, dolor de cabeza intenso, mareos, espasmos clónicos recurrentes y náuseas. También manifiesta síntomas psicológicos y neurocognitivos consistentes con el diagnóstico de trastorno de pánico y experimenta reacciones similares a las de las personas que sufren de trastorno de estrés postraumático.

Mi recuperación fue lenta, pero la tuya no tiene por qué serlo. Los hospitales no saben cómo curar un alma herida. Mi empleador no sabía cómo manejar la carta médica. Ninguno de mis psiquiatras o consejeros discutió conmigo la curación espiritual o Dios. Los pastores a menudo estaban mal preparados para equilibrar los aspectos clínicos y espirituales.

Los diagnósticos de depresión, trastorno de pánico y trastorno de estrés postraumático no trajeron alivio, solo etiquetas que confirmaron que algo andaba mal conmigo. Mi esposa e hijos se preocuparon por mí, pero incluso su preocupación no ofreció consuelo. Me sentí como una carga para ellos.

Me di cuenta de que a menos que descubriera el "por qué" detrás de mi angustia emocional, nunca sanaría realmente. Yo sí lo hice, y ahora mi alegría proviene de ayudar a los demás. Es por eso que escribí este libro para ti.

Estos versículos del Salmo 40 expresan un viaje de la desesperación a la esperanza. Nos recuerdan que Dios es quien nos levanta, nos estabiliza y nos da una nueva canción para cantar. También nos proporciona un propósito: un día, nuestra historia inspirará a otros a confiar en él. Esta ha sido mi historia, y creo que también será la tuya algún día (poéticamente):

Me sacó del pozo de la desesperación,
del lodo y del fango.
Puso mis pies en tierra firme y me estabilizó mientras caminaba.
Me ha dado un cántico nuevo para cantar,
un himno de alabanza a nuestro Dios.
Muchos verán lo que ha hecho y se sorprenderán.
Pondrán su confianza en el Señor.[1]

Indicaciones para escribir en un diario y preguntas grupales

¿Estás llevando un diario? Créeme, escribir te ayudará. Los eventos pasados a menudo no están claros o no salen a la superficie por completo hasta que has escrito tu historia varias veces. Las piezas se unen con el tiempo. Debemos entrenar a nuestro cerebro para liberar y reorganizar los recuerdos que has reprimido. Aprenderemos más adelante, pero comience a escribir ahora si aún no lo has hecho.

¿Has encontrado un grupo pequeño que se reúna semanalmente? La recuperación funciona mejor en una comunidad de apoyo donde no solo cuenta tu historia, sino que también escucha las historias de los demás, compartiendo la camaradería del viaje.

1. Considera mi historia. Me diagnosticaron depresión y me dieron pastillas para la ansiedad. ¿Eso me curó? Seguí adelante en la vida. Entonces, ¿qué pasó?
2. ¿Qué le hicieron a mi cuerpo los recuerdos reprimidos y el estrés? Tómate el tiempo para mirar la carta médica.

[1] Salmo 40:2-3 (énfasis mío)

3. ¿Tienes recuerdos dolorosos o factores estresantes que están afectando su salud? Escríbelos en su diario, siendo lo más detallado posible.
4. ¿Estás empujando por la vida? ¿Cómo se las arregla? Tómate un tiempo para escribir sobre cómo está manejando la vida.
5. ¿Qué le está haciendo a su familia? ¿A su trabajo? ¿Es un estilo de vida que quiere continuar?
6. ¿Crees que lo que me pasó a mí podría pasarle a usted algún día? ¿Sí o no? Piénselo.
7. ¿Los diagnósticos psicológicos te han hecho sentir etiquetado en lugar de ayudado? (Si no tiene un diagnóstico, ¿cómo se sentiría si lo tuviera? ¿Etiquetado?)
8. ¿Cómo reaccionan la familia y los amigos ante un diagnóstico de depresión, trastorno de pánico o trastorno de estrés postraumático? ¿Saben qué hacer?
9. Considera mi frustración cuando salí del hospital. Los psiquiatras solo me recetaron más pastillas. Los consejeros me ofrecieron sugerencias, pero nadie incluyó a Dios en la ecuación. ¿Cómo te sentirías?
10. ¿Qué emociones evocó en usted el Salmo 40? Anote sus pensamientos.
11. ¿Crees que algún día su historia podría inspirar a otros? ¿Por qué o por qué no?
12. ¿Qué se necesita para devolver la alegría a tu vida? Está bien si no lo sabe en este momento.

Capítulo 6
Heridas del alma y daño moral

Investigaciones recientes han descubierto un fenómeno llamado daño moral. Una herida del alma, o daño moral, representa una profunda herida emocional, psicológica o espiritual que afecta negativamente nuestras creencias fundamentales: nuestro sentido del yo, propósito y conexión con los demás y con Dios. A menudo surge de experiencias que contradicen nuestras creencias, valores o convicciones morales más profundas. Tales heridas pueden originarse en la traición, la culpa, la vergüenza o el trauma, dejándonos aislados, perdidos o incluso desesperados.

A diferencia de las heridas físicas, una herida del alma afecta nuestra identidad, fe y capacidad para confiar y conectarnos con los demás. La verdadera curación requiere abordar las dimensiones emocionales y espirituales de la herida, lo que implica una autorreflexión honesta, fe, perdón y, a veces, reconciliación.

Aspectos del daño moral

- **Conflicto moral:** El daño moral ocurre cuando las personas enfrentan un dilema moral. Pueden verse obligados a actuar de maneras que contradigan su brújula moral, lo que lleva a un conflicto interno.

- **Responsabilidad percibida:** Las personas a menudo se culpan a sí mismas por sus acciones o inacciones, incluso cuando las circunstancias están fuera de su control. La autoculpa intensifica los sentimientos de culpa y vergüenza.

- **Traición y pérdida de confianza:** El daño moral también puede resultar de la traición de personas o instituciones de confianza. Cuando las personas presencian o experimentan un comportamiento poco ético por parte de aquellos en quienes confían, pueden destrozar su confianza y exacerbar el daño moral.

- **Respuesta emocional intensa:** El daño moral se caracteriza por respuestas emocionales abrumadoras, como culpa, vergüenza, ira y un profundo sentimiento de traición. Estas emociones pueden ser duraderas y perjudiciales para el bienestar mental.[1]

En las sesiones grupales, he notado que simplificar la definición de daño moral ayuda a las personas a conectarse con sus propias experiencias y entre sí. Compartir con los demás nos acerca. Estos son algunos ejemplos de cómo puede ser el daño moral:

- Algo me hizo o me sucedió que estaba mal.
- Hice algo que sabía que estaba mal.
- Me ordenaron u obligaron a hacer algo que sabía que estaba mal.
- Podría haber detenido algo que sabía que estaba mal, pero no lo hice.
- Estaba en una posición en la que quería ayudar; podría haberlo hecho, pero algo fuera de mi control me lo impidió.
- Fui testigo de algo que violó profundamente mis creencias.

Respuestas frecuentes al daño moral

- Me siento culpable, avergonzado o repulsivo por lo que hice.
- El incidente define quién soy.
- Creo que no valgo nada, soy malo o malvado.
- No puedo dejar de pensar en ello.
- No puedo perdonarme a mí mismo ni esperar el perdón de Dios ni de los demás.
- Me niego a perdonar a quienes me lastimaron o me pusieron en una posición en la que otros fueron lastimados.
- No puedo confiar en nadie.
- Dudo del amor de Dios y me pregunto por qué permitió que esto sucediera.

---

[1] Centro de Tratamiento y Recuperación de TEPT y Trauma. "Daño moral". PTSDinfo.org. Consultado el 1 de octubre de 2024. https://ptsdinfo.org/moral-injury/.

- Estoy agotado porque no puedo dormir bien por la noche.
- Me involucro en un comportamiento autodestructivo porque ya no me preocupo por mí mismo.

A veces, cuando percibimos un posible daño moral en otra persona, podemos preguntar: "¿Qué le mantiene despierto por la noche?" Luego, déjelos hablar y escúchelos amablemente.

Daño moral en la atención médica

El daño moral aún no se reconoce formalmente como una condición médica o psiquiátrica distinta, y no existe un código de diagnóstico oficial para ello. Muchos médicos no están seguros de cómo abordarlo y, a menudo, lo tratan como depresión o trastorno de estrés postraumático. En mi historia, no hubo un diagnóstico de daño moral.

Los veteranos, el personal militar, los oficiales de policía, los bomberos, los socorristas de EMS y los profesionales de la salud corren un mayor riesgo de daño moral, pero cualquiera puede experimentar un evento traumático. El daño moral no siempre se deriva de algo que le sucede directamente a una persona; también puede surgir de presenciar o verse obligado a rendir cuentas por algo que está fuera del control de uno.

La mayoría de los trabajadores de primera línea en los hospitales (médicos, enfermeras y personal de apoyo) eligen sus profesiones por un profundo deseo de ayudar a los demás. Su trabajo es más que un trabajo; es un llamado arraigado en la compasión, el servicio y el compromiso de marcar la diferencia en la vida de las personas. Para muchos, la oportunidad de brindar curación y consuelo es lo que los impulsa, incluso frente a inmensos desafíos.

Por ejemplo, los hospitales pueden experimentar escasez de médicos, enfermeras, suministros y camas. Los médicos dedican muchas horas. Los pacientes llegan a la sala de emergencias esperando atención y tratamiento inmediatos. Pueden gritar e insultar a sus cuidadores. Los médicos y enfermeras no pueden resolver los problemas, aunque hayan hecho sugerencias a la gerencia. Se sienten atrapados, obligados a hacer lo mejor que pueden con los recursos disponibles, pero a menudo parece insuficiente. Un número preocupante de trabajadores de la salud está contemplando dejar la profesión debido al agotamiento severo. Esto afecta no solo su entorno de trabajo, sino también la calidad de la atención que brindan, lo que con frecuencia los hace sentir inadecuados a pesar de sus mejores esfuerzos.

> Las organizaciones intentan aliviar el estrés de sus empleados proporcionando "soluciones de bienestar", que incluyen masajes, consejos de meditación y estímulos para comer de manera saludable, dormir bien y practicar yoga. Si bien son bien intencionados, estos enfoques son similares a poner una curita en un hueso roto.[2]

Sanar a la persona en su totalidad

Los investigadores están descubriendo que los aspectos físicos, emocionales y espirituales de nuestro ser se superponen. Juntos, constituyen la persona en su totalidad. Los programas de bienestar, la terapia psiquiátrica y los medicamentos recetados por sí solos pasan por alto la dimensión espiritual.

> El daño moral también suele tener un impacto en la espiritualidad de un individuo. Por ejemplo, un individuo con daño moral puede tener dificultades para comprender cómo las creencias y la relación con un Poder Superior pueden ser ciertas dado el horrible evento que experimentó la persona, lo que lleva a la incertidumbre sobre las creencias espirituales que tenía anteriormente.[3]

---

[2] Svoboda, Elizabeth. "El daño moral es una epidemia invisible que afecta a millones: un tipo específico de trauma se produce cuando se violan los principios básicos de una persona durante la guerra o una pandemia". Consultado el 1 de octubre de 2024.

[3] Norman, Sonya B. y Shira Maguen. "Daño moral". TEPT: Centro Nacional para el TEPT. Consultado el 1 de octubre de 2024. https://www.ptsd.va.gov/professional/treat/cooccurring/moral_injury.asp.undefined

Las lesiones morales nos obligan a reevaluar nuestras creencias. Es posible que nos preguntemos: "*¿Dónde estaba Dios? ¿Por qué permitió que esto sucediera? ¿Es Dios realmente bueno?*" Luchar con estas preguntas difíciles es doloroso pero esencial para la recuperación espiritual. Es por eso que este libro incorpora tanto información clínica como estudio bíblico.

Indicaciones para escribir en un diario y preguntas grupales

1. Revise los aspectos del daño moral. Escriba con cuál o cuáles puede relacionarse y por qué.
2. Considere y discuta las siguientes preguntas con su grupo. Tómese su tiempo: permita que estas preguntas permanezcan y revelen cualquier información oculta.
   - ¿Qué me mantiene despierto por la noche?
   - ¿Qué es lo que no me gusta de mi vida?
   - ¿Qué pensamientos o emociones no puedo deshacerme?
   - ¿Quién me molesta y por qué?
3. Reflexione sobre los seis ejemplos de cómo puede ser el daño moral y las posibles respuestas. ¿Cuál de estos se alinea mejor con su historia? Escríbalos y compártalos con su grupo.
4. ¿Quién tiene un mayor riesgo de daño moral?
5. ¿Trabaja en una de esas profesiones?
6. ¿Siente que su trabajo o sus actividades diarias lo ponen en riesgo de daño moral? El daño moral puede ser un evento físico directo o derivarse de presenciar o rendir cuentas por algo fuera de su control.
7. Revise las entradas de su diario e identifique las lesiones morales. Luego, según lo que ha aprendido en este capítulo, comience a resumir su historia reinterpretando los eventos como lesiones morales. Limite este proceso a 15-20 minutos. Tómese un descanso y vuelva a revisarlo otro día.
8. ¿Qué culpa o vergüenza lleva? Escríbalo en su diario. ¿Has lastimado a otros emocional o físicamente? No se trata de

autocondenarse, sino de comprender cómo nuestras reacciones afectan a los demás. Este es un paso importante en nuestro viaje de curación. Escriba sus nombres y lo que sucedió. Deje espacio en caso de que se le ocurran otros. Exploraremos la confesión, el perdón y la reconciliación más adelante.

Capítulo 7
Desencadenantes sensoriales y consolar a los demás

Nuestros cinco sentidos están constantemente comprometidos. Durante las experiencias estresantes o traumáticas, el cerebro vincula ciertas imágenes, sonidos, olores, sabores o toques a los eventos, imprimiéndolos en la memoria.

Los desencadenantes sensoriales evocan respuestas emocionales, psicológicas o físicas arraigadas en experiencias pasadas. Estos desencadenantes activan la amígdala, el centro emocional del cerebro, lo que lleva a picos en las hormonas del estrés como el cortisol y la adrenalina.

¿Alguna vez te has preguntado por qué ciertas imágenes, personas, palabras, sonidos, olores o comportamientos provocan reacciones intensas a nivel visceral o una respuesta de lucha o huida? Tal vez haya sentido náuseas, mareos, ansiedad, ira o incluso lágrimas inesperadas. Es posible que te preguntes: *"¿Qué está sucediendo dentro de mí que no puedo controlar?"*

Los desencadenantes sensoriales pueden surgir de formas inesperadas. Por ejemplo, un trauma infantil relacionado con el fuego puede provocar ansiedad en torno al olor de la comida quemada, incluso si esos eventos no están directamente conectados. Independientemente del desencadenante sensorial, podemos reaccionar para protegernos, ya sea verbal o físicamente, como si lo estuviéramos experimentando todo de nuevo. Esto puede sorprender a nuestro cónyuge, hijos o amigos debido a nuestras reacciones exageradas. Si no son conscientes de nuestras experiencias pasadas o situaciones estresantes actuales, es posible que no entiendan por qué reaccionamos de la manera en que lo hicimos. A medida que avanzamos en este libro, nuestro objetivo es descubrir qué provoca estas reacciones dentro de nosotros.

He estado en grupos con hombres que no podían recordar traumas infantiles hasta que comenzamos a discutir sus reacciones emocionales incontrolables, reacciones que estaban afectando sus matrimonios y familias. Realmente no entendían por qué se comportaban de la manera en que lo hacían. Querían cambiar pero no sabían por dónde empezar.

A veces, nuestros cerebros son tan efectivos para reprimir recuerdos dañinos que no podemos recordar los eventos traumáticos relacionados con los desencadenantes. En un seminario de capacitación, nuestro instructor nos contó sobre dos estudios de casos personales de mujeres secuestradas rescatadas del tráfico sexual. Una tenía cicatrices de una plancha caliente y agua hirviendo. No recordaba el abuso. La otra se atragantaba y tosía como si se estuviera ahogando con algo sin razón aparente. Se volvió extremadamente molesto. No recordaba conscientemente haber sido obligada a tragar algo que la hiciera vomitar.

Las mujeres en estos estudios de caso requirieron asesoramiento personal más allá del alcance de mi capacitación y este libro; sin embargo, las estrategias incluidas en este libro fueron parte de su curación. El instructor destacó que su proceso de recuperación fue holístico, abarcando la curación física, emocional y espiritual. Llegaron a conocer a Jesús como su Salvador. A través de su crucifixión y resurrección, se sintieron liberadas de su pasado. Les dio una gloriosa esperanza de eternidad con Dios, que los ama entrañablemente. Su amor trascendió su dolor y ahora fluye a través de ellas hacia los demás.

Varias personas pueden desempeñar un papel en el esfuerzo de recuperación, incluidos terapeutas, médicos, pastores, familiares y amigos. A veces, nuestra contribución puede ser pequeña, pero a menudo es más significativa de lo que creemos. Necesitamos recordarnos a nosotros mismos que no estamos allí para dar consejos. Escuchamos para mostrarle a la persona que nos preocupamos por ella y que estamos dispuestos a compartir su dolor.

Aquí hay un ejemplo. Una de mis pasiones es escuchar a las personas contar sus historias. Un veterano de Vietnam me pidió una vez que me sentara y mirara un álbum de fotos de tres pulgadas de grosor con él. No sabía qué esperar. Página tras página revelaron cuerpos desmembrados y partes del cuerpo del combate. Había sido médico, y estas eran las imágenes más espantosas que había visto en mi vida. Las lágrimas llenaron mis ojos y, a veces, sentí náuseas físicas. Sabía que no había estado en el ejército. No estaba pidiendo mis comentarios, sino mi presencia, alguien dispuesto a sentarse con él en su dolor.

Al consolar a alguien con heridas emocionales profundas, es esencial dejar que tome la iniciativa. Decir "Entiendo" cuando no has tenido la misma experiencia puede hacer que se retire abruptamente. No esperan que comprendas sus sentimientos; quieren que compartas su dolor. Pregúntate: ¿Necesitan que alguien los escuche o simplemente se siente con ellos? El silencio suele ser mucho más significativo que el consejo. Kenneth C. Haugk analiza elocuentemente esto en su libro, *Don't Sing Songs to a Heavy Heart: How to Relate to Those Who Are Suffering.* (ver Bibliografía)

Avanzando

Para hacer frente a las emociones abrumadoras y los desencadenantes de las lesiones morales, podemos sentir que podemos manejarnos con medicamentos recetados, drogas ilegales, alcohol, pornografía, gastos excesivos o incluso escapar—cualquier cosa para adormecer el dolor o evitar arremeter contra los demás. Pero, ¿eso conduce a la curación? ¡No!

Estos mecanismos de afrontamiento poco saludables a menudo parecen ser la única solución, pero se convierten en adicciones. Creemos que podemos ocultar nuestras adicciones, pero no podemos. Creemos que estamos protegiendo a nuestros seres queridos, pero es todo lo contrario: ¡nuestro declive personal solo intensifica su preocupación por nosotros!

A través de un diario y terapia de conversación, identificaremos los desencadenantes emocionales y descubriremos sus causas fundamentales. Luego, podemos crear un plan para la recuperación espiritual, física y emocional.

Indicaciones para escribir en un diario y preguntas grupales

1. Si las historias de este capítulo desencadenaron respuestas emocionales para ti, tómate un momento para identificarlas y escribirlas. Su reacción a nivel visceral podría ser: *"No voy a ir allí"*, pero esa es precisamente la razón por la que estamos pasando por este proceso. En lugar de dejar que las emociones nos controlen, queremos manejarlas

intencionalmente. ¿Cuál fue la respuesta de su cuerpo (por ejemplo, lágrimas, miedo, ira, dientes apretados)? Si te sientes abrumado, tómate un momento para respirar, aléjate y recuerda que tus sentimientos son reales pero se basan en un recuerdo. Al escribir tus recuerdos y sentimientos, estás dando los primeros pasos para obtener el control. El objetivo es que eventualmente puedas decirte a ti mismo: *"He lidiado con estas emociones y recuerdos. ¡Están en mi diario y pueden quedarse allí!"*

2. Puede que no te identifiques con las historias aquí, pero ¿puedes recordar momentos en los que tuviste una reacción emocional que parecía surgir de la nada? ¿Fue más fuerte de lo que la situación justificaba? Reflexiona sobre la escena y descríbela. ¿Puedes identificar qué causó tu reacción? Si no estás seguro, podría haber ocurrido a nivel subconsciente. No te preocupes. A medida que avancemos, se volverá más claro.

3. Piense en un momento, como la muerte de un familiar, un desastre natural, una experiencia militar o un problema de salud, y cuándo sucedió. ¿Querías un consejo o simplemente querías que alguien estuviera allí contigo? ¿Qué fue lo más reconfortante para ti durante ese tiempo?

4. Incluso ahora, cuando compartes tu historia, ¿cómo quieres que respondan los demás y por qué?

Capítulo 8
Los beneficios de la escritura expresiva y los grupos pequeños

Mi amigo y mentor es un veterano de combate. Durante un tiroteo, fue herido por un RPG (granada propulsada por cohete). Su historia, junto con los recuerdos de las fotos que me mostró un veterano de Vietnam, permanecieron en mi mente durante semanas. Las imágenes me hicieron llorar por mi amigo, ya que no podía comprender su dolor físico y emocional. Muchos de sus amigos perdieron la vida y se presumió que estaba muerto. Me confió esto para compartirlo con ustedes, a pesar de que la historia de tu vida podría llenar fácilmente un libro.

> Mi historia es como la de muchos otros veteranos de combate que intentaron todo para mejorar y nada funcionó, compartió. Tratamientos, medicamentos, retiros y ejercicio. Me faltaba un componente clave: la oración y la devoción a Aquel que me creó. Tomarse el tiempo para orar permitió que el ruido desapareciera y silenciara las palabras del diablo: "Estás roto", que resonaron con fuerza.
>
> Rendirse a Jesús no era una opción; fue una directiva de él, y como un buen soldado, me rendí y encontré paz, confianza y amor. Desde entonces, quise ayudar a otros a encontrar su camino de la manera en que yo lo hice. Algunas personas solo necesitan guía y un impulso para lograr la paz interior con Dios.

Mi amigo escribe un diario más que nadie que conozco. A través de su ejemplo, aprendí los beneficios de escribir un diario: desenterrar la verdad de los traumas personales y controlar las reacciones de la amígdala. En sus diarios, se escribe a sí mismo, a los demás y a Dios. A lo largo de los años, ha descubierto y abordado heridas profundas a través de esta práctica. Él es solo un ejemplo; hay investigaciones clínicas que respaldan el diario.

El impacto negativo de guardar secretos

James W. Pennebaker, PhD, profesor distinguido de psicología (Regents Centennial Professor), es el pionero de la escritura expresiva. Su artículo inicial sobre este tema se publicó en 1986 y es un autor célebre. Casi todos los artículos clínicos que revisé citaron su trabajo, lo que me llevó a comprar dos de sus libros (ver Bibliografía). Los investigadores de todo el mundo continúan investigando la escritura expresiva a través de varios ensayos clínicos. La evidencia empírica convincente e innegable respalda firmemente los beneficios para la salud de la escritura expresiva o el diario.

> El Dr. Pennebaker y otros han descubierto que guardar secretos, incluso por razones bien intencionadas, causa estrés y afecta negativamente nuestros sistemas inmunológico, vascular y nervioso, así como la bioquímica de nuestros cerebros. Esto nos pone en mayor riesgo de enfermedades mayores y menores.[1]

La historia de un oficial de policía

Jonathan Hickory escribió un libro galardonado sobre el estrés de ser un oficial de policía. Su título es *Break Every Chain*, que inspiró una gran película (ver Bibliografía). Si eres una persona visual como yo, necesitas verlo para comprender realmente lo que experimentan los oficiales de policía en el trabajo y en casa. La película no es gráfica, pero aumentará tu respeto por los oficiales de policía, bomberos, EMS, médicos y enfermeras.

Jonathan enterró todas sus experiencias como oficial de policía en lo más profundo. Creía que estaba protegiendo a su esposa e hija. Recurrió al alcohol para adormecer las imágenes. Pensó que lo ayudaría a dormir, por lo que a menudo bebía hasta que se desmayaba. Se convirtió en un alcohólico enojado. Sin embargo, no fue solo su trabajo policial lo que lo hirió psicológica y espiritualmente; albergaba un daño moral profundo y no resuelto.

---

[1] James W. Pennebaker y Joshua M. Smyth, Abrirse escribiéndolo: cómo la escritura expresiva mejora la salud y alivia el dolor emocional (Nueva York, NY: The Guilford Press, 2016). Página 1

Cuando era niño en un hogar cristiano, su padre murió de cáncer. Le enfureció que Dios no respondiera a sus oraciones. Le enfureció que su madre fuera responsable de mantener sola a su familia. Su fe en Dios se redujo a nada. Su vida fue una herida moral tras otra. Siempre estaba al borde de la rabia explosiva.

La historia de Jonathan muestra los peligros de contener las lesiones morales y el dolor emocional. Para él, abrirse sobre sus experiencias se convirtió en un punto de inflexión. Había conocido a Jesús cuando era niño, pero fue después de tocar fondo que conoció a Jesús como su Salvador.

Proceso y liberación

La escritura expresiva juega un papel crucial en la recuperación, permitiéndonos procesar y liberar lo que hemos guardado dentro. También nos ayuda a recuperar control sobre nuestras respuestas cerebrales. A través de la escritura expresiva, nos hacemos cargo de nuestras emociones negativas. La investigación del Dr. Pennebaker arroja luz sobre por qué esto es tan efectivo. Escribir sobre experiencias profundamente emocionales no solo nos ayuda a procesarlas mentalmente, sino que también crea cambios medibles en el cerebro, ayudándonos a "apagar" las emociones negativas de la amígdala.

> Descubrieron que hay una parte del cerebro, la corteza prefrontal derecha, involucrada en el control esforzado sobre nuestros estados emocionales. Cuando esta parte del cerebro se "enciende", otras partes del cerebro que están relacionadas con emociones negativas fuertes, como la amígdala, se apagan. En otras palabras, poner nuestras experiencias profundamente emocionales en lenguaje y palabras facilita la capacidad de nuestro cerebro para ayudarnos a manejar nuestro estado emocional.[2]

[2] Ibíd., página 39indefinido

Además, las imágenes almacenadas en el cerebro a menudo son difíciles, a veces incluso imposibles, de expresar verbalmente. El desafío de recordarlas aumenta nuestra angustia. Podemos tomar tangentes confusas, describiendo sentimientos de nuestros sentidos en lugar de eventos reales a medida que resurgen los recuerdos fragmentados.

> Los intentos iniciales de escribir o contar nuestra historia pueden parecer incoherentes. Pero con el tiempo, a medida que nos enfocamos en escribir y reescribir nuestra historia, comenzamos a organizarla, resumiendo los detalles y eliminando información irrelevante. El proceso transforma la imagen traumática en nuestro cerebro en lenguaje y la almacena de manera diferente. Adquiere una naturaleza diferente. La experiencia escrita se convierte en una narrativa, una historia. Ha sido elaborada y refinada. Un día, la terminamos y sabemos dónde está la versión final en nuestro diario y escondida en nuestros cerebros. El peso emocional y la fuerza de voluntad que alguna vez se requirieron para reconstruir nuestra historia se han ido. [3]

Escribir un diario no se trata solo de escribir. Puede descubrir otras formas de expresarse, como dibujar, pintar, escuchar música u otras salidas creativas. Lo importante es reflexionar sobre tu trabajo a lo largo del tiempo. Pregúntate: *¿Qué estaba sintiendo realmente? ¿Mi percepción es diferente ahora? ¿Mis emociones influyen en mis pensamientos o estoy empezando a controlarlos?*

He visto evolucionar las historias de las personas con el tiempo, volviéndose menos dolorosas y emocionales. Ten la seguridad de que no estás traicionando la memoria, descartándola o negando su impacto. En cambio, lo estás transfiriendo a tu diario, donde ya no te persigue. ¡Tú estás tomando el control!

---

[3] Ibíd., páginas 144-147indefinido

Indicaciones para escribir en un diario y preguntas grupales

1. Comienza a escribir la versión más larga de tu historia entrelazando las lesiones morales y los desencadenantes que experimentas.
2. El énfasis está en "comenzar". No te preocupes por la gramática o por encajar todas las piezas con transiciones suaves.
3. Comienza con las 5 W y H: quién, qué, cuándo, dónde, por qué y cómo. Eso puede ser todo lo que escribas el primer día.
4. Toma descansos: este no es un maratón para terminar en un día. Deja que tu historia se construya.
5. Intenta escribir 2-3 veces por semana durante 15-20 minutos.
6. Sigue escribiendo y reescribiendo tu historia a medida que avanzamos en este libro.
7. Por ejemplo, cuando comencé, empecé con recuerdos de la infancia: mi edad, mi hogar, la escuela, quién estuvo involucrado y qué sucedió. Más tarde, agregué el estrés de mi trabajo.
8. Pregúntate:
   - ¿Cómo me sentí en ese momento?
   - ¿Por qué creo que sucedieron estas cosas?
   - ¿Cómo me hace sentir ahora?
   - ¿Afectan estos recuerdos la forma en que trato a mi esposa, hijos u otras personas en mi vida hoy?
9. Experimenta con varios estilos de escritura en tu diario durante las próximas semanas para encontrar el que más te convenga.
   - Narración de historias: Escribe tus experiencias como si contaras una historia.
   - Autorreflexión: Escribe como si estuvieras hablando contigo mismo.
   - Letras:
     i. Escribe a la(s) persona(s) que causó tu trauma.
     ii. Escribe una carta a una enfermedad, accidente, desastre natural o evento relacionado con el trabajo que te haya afectado.
     iii. Escribe una carta de disculpa a alguien a quien lastimaste.
     iv. Escríbele a Dios desde tu perspectiva, y ¿qué te gustaría que él dijera en respuesta?
10. Guardar secretos puede afectar nuestra salud mental y física. ¿Hay cosas que has mantenido ocultas que aún te pesan? ¿Qué temores o preocupaciones te han impedido compartir? Escríbelos. Ponerlos en papel es un paso hacia la curación.
11. Los diarios son una excelente manera de escribir y guardar oraciones. Haz un esfuerzo por escribir tus oraciones diariamente, incluso si son breves. Deje espacio entre las entradas para futuras ideas y respuestas.

12. Mira hacia atrás periódicamente para ver qué tan lejos has llegado. A veces, solo mirando hacia atrás podemos ver cómo Dios estaba obrando en nosotros para nuestro bien. "Estoy seguro de que Dios, que comenzó la buena obra dentro de ti, continuará hasta que finalmente se termine el día en que Cristo Jesús regrese".[4]

[4] Filipenses 1:6

Capítulo 9
Distorsiones cognitivas y atención plena

A medida que escribimos y reescribimos nuestra historia, notamos patrones en nuestro pensamiento. Algunos de estos patrones, conocidos como distorsiones cognitivas, dan forma a nuestras percepciones de maneras que no siempre reconocemos. Recuerda, el comportamiento es un signo externo de una perspectiva interna. Identificar las distorsiones nos ayuda a liberarnos de los ciclos negativos y ver las cosas con más claridad.

Distorsiones cognitivas comunes

- **Pensamiento de todo o nada:** pensar en extremos sin término medio; este patrón suele incluir términos como "siempre" o "nunca", sin permitir flexibilidad.
- **Sobregeneralización:** tomar eventos aislados y asumir que todos los eventos futuros serán iguales.
- **Filtrado mental:** insistir en lo negativo mientras se ignora lo positivo.
- **Descalificar lo positivo: descartar las experiencias positivas como mera suerte o injustificadas, manteniendo una perspectiva pesimista.**
- **Sacar conclusiones precipitadas:** formar una conclusión, generalmente negativa, sin considerar la evidencia y luego buscar datos que la respalden.
- **Aumento y minimización:** exagerar lo negativo mientras se minimiza lo positivo.
- **Razonamiento emocional:** creer que algo es cierto simplemente porque se siente cierto emocionalmente.
- **Declaraciones de debería:** las declaraciones rígidas de "debería" crean estrés al imponer expectativas poco realistas e ignorar la complejidad de la vida.

- **Etiquetado y etiquetado incorrecto:** asignar etiquetas inexactas o negativas a uno mismo o a otros, reforzando generalizaciones excesivas y limitando la verdadera comprensión.
- **Personalización:** asumir una responsabilidad excesiva o culpar a otros por cosas que escapan a su control.[1]

La trampa de la rumiación

Una de mis peores adicciones, peor que los antidepresivos que tomaba, ha sido la rumiación. Desde la infancia, he sido sensible y soñadora, una fórmula para la decepción... pero no lo cambiaría por nada porque amo profundamente, a pesar del dolor. Me han acusado de "adicción a la aprobación", cuando en mi mente solo estaba tratando de hacer lo correcto. Hago grandes esfuerzos para no lastimar a nadie, pero me hieren fácilmente y no puedo dejar de lado la herida. Se repite sin cesar en mi mente: *¿Qué hice mal? ¿Por qué dijeron o hicieron eso?* Parece que no puedo quitármelo de encima. Otros no entienden por qué estoy deprimido; no se debe a algo reciente, sino a algo que llevo conmigo.

Este tipo de pensamientos se alimentan de sí mismos. Los eventos aislados contribuyen a la rumiación arremolinada, expandiéndola hasta que un día no podemos discernir la verdad de los sentimientos y las distorsiones cognitivas se convierten en realidad. La esperanza se desvanece bajo una sombra oscura de dolor emocional constante, gran parte del cual es autoinfligido.

> La rumiación implica pensar repetidamente o detenerse en los sentimientos negativos y la angustia y sus causas y consecuencias. El aspecto repetitivo y negativo de la

[1] Scott, Elizabeth. "Cómo las distorsiones cognitivas alimentan sus factores estresantes". Muy bien mente. Última modificación noviembre 27, 2023. Revisado por Rachel Goldman, PhD, FTOS. https://www.verywellmind.com/cognitive-distortions-and-stress-3144921?print.

> rumiación puede contribuir al desarrollo de depresión o ansiedad y puede empeorar las condiciones existentes.[2]

La rumiación no solo es emocionalmente malsana, es una trampa espiritual. Cuando rumiamos, nos vemos a nosotros mismos como víctimas y juzgamos a los demás. Las distorsiones cognitivas llenan los vacíos, reforzando la creencia: "Me hicieron daño".

Esta mentalidad, a menudo vinculada al daño moral, nos mantiene atrapados en ciclos de dolor. Hay dos formas de combatir la rumiación. Discutiremos una aquí y otra más adelante.

Atención plena

La atención plena es la práctica de concentrarse plenamente en el momento presente involucrando tantos de nuestros cinco sentidos como sea posible. Es una herramienta poderosa que puede interrumpir los ciclos de pensamientos preocupantes, ansiedad o desencadenantes emocionales, lo que nos permite recuperar el control sobre nuestras mentes y emociones.

Cuando surge un recuerdo doloroso, una emoción intensa o una tentación, la atención plena ayuda a redirigir nuestra atención hacia algo tangible e inmediato. Aquí hay una técnica simple que utilizo cuando me golpea la rumiación: me lavo las manos y presto atención a cada detalle.

> Entro al baño para lavarme las manos y encender la luz. El papel pintado presenta un fondo neutro adornado con flores rojas y verdes. El grifo tiene una encantadora estética de casa de campo, y las manijas muestran una "H" y una "C". Giro el mango en "C", sintiendo el agua fría contra mis manos. El jabón líquido es suave y forma burbujas entre mis dedos mientras el aroma de la lavanda flota.

---

2 "Rumiación: un ciclo de pensamiento negativo". Psychiatry.org - Rumiación: un ciclo de pensamiento negativo, 5 de marzo de 2020. https://www.psychiatry.org/News-room/APA-Blogs/Rumination-A-Cycle-of-Negative-Thinking.

> Mientras me enjuago las manos bajo el agua corriente, veo cómo la espuma de jabón se arremolina por el desagüe.

Simple pero genial. Un terapeuta me enseñó esto hace años. ¿Me curó? Fue uno de muchos pasos. Me permitió evitar que mi amígdala se fuera por la tangente emocional. La práctica de la atención plena aporta una sensación de fuerza. ¡Ahora puedo manejar mis pensamientos! ¡Tener el control me permite cambiar mi enfoque y pensar en algo completamente diferente!

Para aquellos que se recuperan de un trauma o una adicción, la atención plena es una forma de salir del pasado, desconectarse de los pensamientos destructivos y darle descanso a la mente. Es un ejercicio de libertad de rumiación y ansiedad. Se puede hacer casi en cualquier lugar y en cualquier momento.

Escapando a la presencia de Dios

La atención plena se puede llevar un paso más allá. Podemos usarla para compartir el momento presente con Dios. Podemos centrar nuestros pensamientos en Cristo y descansar en su presencia. Estos son algunos de mis versículos bíblicos favoritos. No te limites a leerlos y seguir adelante, tómate el tiempo para ser consciente y meditar en ellos.

> Entonces Jesús dijo: "Venid a mí todos los que estáis cansados y cargados de cargas, y yo os haré descansar". [3]

> Fija tus pensamientos en lo que es verdadero, honorable, correcto, puro, encantador y admirable. Piensa en cosas que sean excelentes y dignas de elogio.[4]

---

[3] Mateo 11:28 indefinido
[4] Filipenses 4:8

Pero los que confían en el Señor encontrarán nuevas fuerzas. Se elevarán alto con alas como águilas. Correrán y no se cansarán. Caminarán y no se desmayarán.[5]

¡Guardarás en perfecta paz a todos los que confían en ti, a todos aquellos cuyos pensamientos están fijos en ti! Confía siempre en el Señor, porque el Señor Dios es la Roca eterna.[6]

Atención plena cristiana en la práctica

La atención plena en la recuperación puede abarcar la meditación cristiana, la oración o la reflexión de las Escrituras, combinada con estar completamente presente con Dios. Aquí hay algunas sugerencias:

- **Oración consciente –** Comprométete profundamente con Dios. Cántale canciones de alabanza. Pídele que te hable a través de Su Espíritu Santo y las Escrituras. Escribe tus oraciones en tu diario.
- **Atención plena centrada en las Escrituras –** selecciona un pasaje para leer en voz alta, reflexiona sobre él y anota tus pensamientos. Ora para que Dios revele su verdad a través de ella. Memoriza versículos clave.
- **Conciencia de gratitud – redirige tu atención a las bendiciones de Dios.** Reconoce du bondad en la creación, la vida diaria y la salvación. Considera escribirle una nota de agradecimiento.
- **Ejercicio de fundamentación cristiana – cuando surja un desencadenante, pregúntate:**
  - ¿Qué me está mostrando Dios en este momento?
  - ¿A qué verdades puedo aferrarme en este momento?
  - ¿Cómo está obrando en mí en este momento?

Cuanto más tiempo y esfuerzo dediques a la atención plena cristiana, mayores serán las recompensas. Cuando se practica constantemente, se convierte en un hábito natural y que afirma la vida. ¿Qué podría ser mejor

[5] Isaías 40:31
[6] Isaías 26:3-4

que pasar tiempo con Dios? Te aseguro que esto fortalecerá y mejorará tu recuperación espiritual.

Indicaciones de diario y preguntas grupales

1. Vuelve a leer las distorsiones cognitivas y revisa las entradas de tu diario. ¿Puedes identificar alguna distorsión en tu escritura? ¿Te has dado cuenta de que usas estas distorsiones en las discusiones grupales?
2. Identifica las distorsiones cognitivas que más influyen en la forma en que procesas las experiencias desafiantes. Escríbelos y pregúntate: Si elimino y reemplazo la distorsión, ¿cómo cambia el tono de mi narrativa? ¿Cambia mi percepción de mí mismo, de los demás o de la situación?
3. Pregúntate: "¿Me detengo en eventos pasados?" ¡Este puede ser un descubrimiento significativo en tus esfuerzos de recuperación! Anota tus cavilaciones frecuentes, aunque puedan ser dolorosas. Encierra en un círculo o resalta lo que escribiste para que puedas encontrarlo fácilmente si comienzas a rumiar de nuevo.

   - A continuación, esboza un plan o estrategia sobre cómo redirigirás tu pensamiento.
4. Practica la atención plena mientras te lavas las manos, das un paseo, escuchas música cristiana, etc. Registra las oportunidades de atención plena en tu diario. Crea una lista de ideas para ti. Establece notas de recordatorio en tu teléfono. Luego, practica para asegurarte de recordar. Establece un hábito.
5. Incorpora prácticas cristianas de atención plena en tu rutina diaria. Incluso 15 minutos cada día pueden ser transformadores. Haz que sea lo primero que hagas por la mañana, junto con el estudio de la Biblia y la oración. Rota a través de cada actividad para variar.

Capítulo 10
¿Qué pasa si recaigo?

Una de las preguntas más comunes que me hacen, especialmente de aquellos que se recuperan de adicciones, es: "¿Qué pasa si recaigo? Estaba progresando, y luego volví a ser como solía ser. Ahora siento que he fallado".

Recuerda, cualquier cosa puede desencadenarnos. El llanto de un bebé, una sirena, el estallido del escape de un automóvil, un olor, una fotografía, un conflicto ético en el trabajo, una crítica injusta, una enfermedad familiar, una muerte, el aniversario de nuestro daño moral, la cobertura noticiosa de un evento similar, cualquiera de estos puede hacer que las emociones resurjan cuando menos lo esperamos. Podemos romper a llorar, huir, explotar de ira, justificar "pequeños" pecados o volver a las adicciones.

El siguiente paso es escribir un diario sobre tu pecado o recaída. La clave es involucrar a la corteza prefrontal, transformando lo que sucedió en lenguaje. ¡Solo registrarlo puede motivarte a no volver a hacerlo! Si tu diario no es útil, anota una nota rápida en tu teléfono, pero cuando tengas un momento de tranquilidad, toma tu diario. Escribe los detalles de lo que ocurrió. No es necesario que escribas un ensayo, solo sé honesto. **Aquí hay un consejo: ¡Culpa a la amígdala!**

> Hoy, (complete el espacio en blanco) sucedió. El recuerdo de (complete el espacio en blanco) me abrumó. Mi amígdala desencadenó emociones como si fuera el evento real, ¡pero no lo fue! Eso ocurrió hace años. En ese momento, reaccioné (complete el espacio en blanco). Ahora, me siento culpable y avergonzado, de vuelta a mi daño moral. Jesús, confieso que me equivoqué. Perdóname, por favor. Estaré listo la próxima vez que esto suceda. Lo haré (por ejemplo, practicar la atención plena, escuchar mi canción favorita, llamar a un amigo, dar un paseo por el parque, ver un video tranquilo, recordarme a mí mismo que esto es solo un recuerdo, respirar profundamente, preguntarle a Dios qué me está mostrando, etc.).

Sugiero escribir esto en una nueva página de tu diario y dejar espacio adicional debajo, incluso una página en blanco adicional. Esto te permite realizar un seguimiento de tu progreso y celebrar las victorias (por ejemplo, "¡Jesús, sucedió de nuevo, pero no pequé! Usé la atención plena cristiana. ¡Gracias!). Piensa en ello como un registro médico, con un diagnóstico, un plan de tratamiento y actualizaciones sobre tu curación.

Es por eso que escribimos: la recuperación se trata de descubrimiento. Una vez que lo hayas escrito, ya no te sorprenderá. Incluso puedes marcar esa página en tu diario y volver a leerla cada mañana, preparándose para el día siguiente, especialmente si el desencadenante es un evento relativamente común.

Recuerda, el proceso de escritura expresiva transforma imágenes y emociones traumáticas en lenguaje, ayudando a organizar la experiencia como una narrativa en el cerebro, una historia que estamos reescribiendo con un propósito futuro en mente. La recaída es parte de la narrativa general, que incluye pedir perdón y desarrollar un plan para evitar contratiempos. Al escribir un diario, lo has manejado sabiamente y listo. Puedes volver a visitarlo al día siguiente si crees que podría volver a suceder.

La verdad es que la recuperación no es fácil y nadie es perfecto. He conocido a varios adictos que, después de aceptar a Jesús como su Salvador, se les dijo que si recaían, irían al infierno y que su salvación se había perdido. Sin estar familiarizados con la palabra de Dios, se sintieron derrotados y desesperados, volviendo a sus adicciones porque ya nada más importaba. Mi respuesta suele ser algo así:

> Jesús te conoció antes de que tú lo conocieras a él, y murió por ti de todos modos.
>
> Solías presumir de tu estilo de vida pecaminoso. Ahora, cuando pecas, te rompe el corazón. Esta es una señal de que el Espíritu Santo de Dios está obrando dentro de ti. Cuando recaigas, espera ser disciplinado por Dios porque él te ama. Confiesa a Dios y comparte con un amigo que orará por ti y te hará

responsable. Luego, busca el perdón de cualquier persona a la que hayas lastimado. (Más sobre el perdón en otro capítulo).

¿Crees que un Dios omnisciente que existe fuera del tiempo no previó este revés? Imagina esto: Dios el Padre se vuelve a Jesús y dice: "Nos perdimos la recaída de fulano de tal. ¡Jesús, tienes que volver a la Tierra y morir de nuevo!" ¡No lo creo!

El autor de Hebreos hace el mismo punto:

> [Cristo] no entró en el cielo para ofrecerse a sí mismo una y otra vez, como el sumo sacerdote aquí en la tierra que entra en el Lugar Santísimo año tras año con la sangre de un animal. Si eso hubiera sido necesario, Cristo habría tenido que morir una y otra vez, desde que el mundo comenzó. Pero ahora, una vez para siempre, él ha aparecido al final de la era para quitar el pecado por su propia muerte como sacrificio.[1]

Es por eso que he enfatizado la importancia de un grupo pequeño a lo largo de este libro. Es donde encontrarás aliento y alguien a quien acudir cuando necesites apoyo. Recuerda, tu viaje es exclusivamente tuyo, no debe medirse con el de nadie más. Tu grupo pequeño debe alentarte, ofrecerte ayuda, responsabilizarte y orar por ti cuando enfrentes dificultades.

No quiero que te sientas desanimado. Confía en que el Espíritu Santo está obrando dentro de ti. En el próximo capítulo, examinaremos la explicación clínica detrás de las recaídas. No es una licencia para pecar; más bien, es una oportunidad para que Dios transforme tu mente. Espero que lo encuentres edificante. Una vez que lo comprendas, no solo podrás explicárselo a aquellos que dicen que han perdido la fe en ti, sino que también ganarás la confianza para seguir avanzando.

---

[1] Hebreos 9:25-26

Indicaciones de diario y preguntas grupales

1. Si surge un desencadenante esta semana, tómate un momento para escribir un diario al respecto. Usa la plantilla "Culpar a la amígdala" en este capítulo para documentar lo que ocurrió y cómo respondiste. Si no se producen desencadenantes, tómate un descanso del diario. En tu lugar, revisa las entradas anteriores del diario y reflexiona sobre lo lejos que has llegado. Dedica unos minutos a escribir una carta a tu futuro yo, animándote a mantenerte fuerte, incluso si surgen contratiempos.

Capítulo 11
¡Tú y Dios pueden cambiar tu cerebro!

Podríamos creer que nuestros cerebros están programados para responder de cierta manera, que estamos atascados y que nunca podemos cambiar. Eso es un concepto erróneo. Dios diseñó nuestros cerebros para sanar, ¡y podemos cambiar la forma en que pensamos! Este proceso se conoce como neuroplasticidad.

Nuestros cerebros crean vías neuronales muy parecidas a una ruta de senderismo muy desgastada, formada por acciones repetidas, especialmente aquellas que brindan una sensación de recompensa o alivio. Cuando participamos en actividades placenteras, la dopamina inunda nuestros cerebros, dándonos una sensación temporal de "bien". Incluso una reacción de rabia, con su oleada de adrenalina, puede sentirse satisfactoria en el momento. Debido a esto, a menudo justificamos comportamientos pecaminosos autogratificantes, diciéndonos a nosotros mismos que necesitamos ese placer y alivio momentáneos. Si no lastima a nadie más, incluso podemos convencernos de que es nuestro pequeño secreto.

Pero aquí hay un problema: con el tiempo, la descarga de dopamina o adrenalina no es tan fuerte como antes. El mecanismo de afrontamiento comienza a fallar, lo que lleva a un ciclo de adicción que empeora. En lugar de sentirnos mejor, nos sentimos peor. Algunos de nosotros tocamos fondo, donde ya nada ofrece alivio. La desesperación se instala, y ahí es cuando pueden surgir pensamientos suicidas.

La noticia alentadora es que Dios creó nuestros cerebros para que fueran adaptables. La recuperación espiritual requiere un salto de fe, creer que Dios nos ayudará a remodelar nuestros pensamientos. La neuroplasticidad no es nueva; ¡Dios la creó mucho antes de que los científicos la descubrieran!

Considéralo de esta manera: si nunca consultamos a un médico o confiamos en su experiencia, ¿es justo culparlos por el empeoramiento de la enfermedad? No. Lo mismo se aplica a la curación espiritual:

necesitamos construir una relación con nuestro Creador. ¡Aquel que diseñó nuestros cerebros nos ayuda a forjar nuevos caminos que generan momentos de alegría, elevando nuestro espíritu y el de los demás!

A continuación se muestra un diagrama que creé hace años durante una sesión con un terapeuta cognitivo conductual. Ilustra la interconexión entre nuestros pensamientos, emociones y comportamientos, una clave para comprender por qué reaccionamos como lo hacemos y cómo podemos comenzar a cambiar.

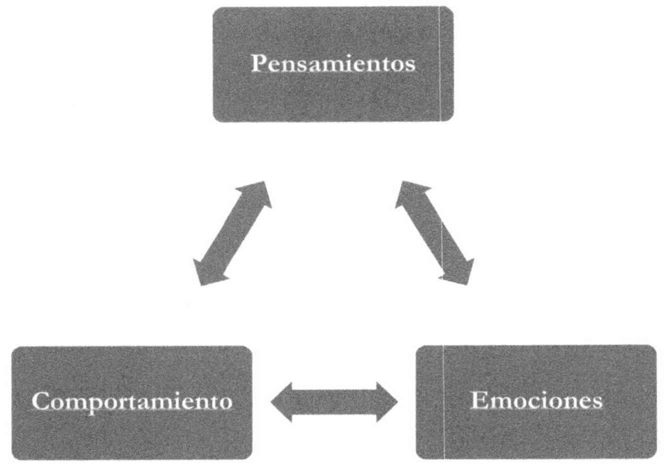

Liberarse de la culpa y la vergüenza

La culpa y la vergüenza nos agobiarán hasta que aprendamos a perdonarnos a nosotros mismos. Somos un trabajo en progreso, y esa debería ser nuestra expectativa, así como la expectativa de quienes nos rodean. Toda la humanidad es un trabajo en progreso. Simplemente eres más consciente de ello porque estás haciendo el esfuerzo de cambiar.

Incluso el gran apóstol Pablo tuvo luchas. A menudo pensamos en Pablo como un santo, alguien a quien nunca podríamos aspirar a parecernos. Pero la verdad es que enfrentó la tentación y el conflicto interno al igual que nosotros. Al leer los siguientes pasajes, tómate un momento para hacer una pausa y reflexionar. Orar. Pídele al Espíritu Santo que te guíe a través de estos versículos y te dé entendimiento.

No proporcionaré comentarios, esto es algo para discutir en tu grupo pequeño. Pero preguntaré esto: ¿Dios reconoce y entiende las batallas dentro de nuestras mentes? ¿Entiende el desafío de formar nuevas vías neuronales? ¡Absolutamente! Y él conoce tus luchas.

> He descubierto este principio de la vida: que cuando quiero hacer lo correcto, inevitablemente hago lo que está mal. Amo la ley de Dios con todo mi corazón. Pero hay otro poder dentro de mí que está en guerra con mi mente. Este poder me hace esclavo del pecado que todavía está dentro de mí. ¡Oh, qué persona tan miserable soy! ¿Quién me librará de esta vida que está dominada por el pecado y la muerte? ¡Gracias a Dios! La respuesta está en Jesucristo nuestro Señor. Así que ves cómo es: En mi mente, realmente quiero obedecer la ley de Dios, pero debido a mi naturaleza pecaminosa, soy un esclavo del pecado. Así que ahora no hay condenación para los que pertenecen a Cristo Jesús. Y debido a que le perteneces a él, el poder del Espíritu vivificante te ha liberado del poder del pecado que conduce a la muerte.[1]

> Por eso digo, dejen que el Espíritu Santo guíe sus vidas. Entonces no estarás haciendo lo que tu naturaleza pecaminosa anhela. La naturaleza pecaminosa quiere hacer el mal, que es justo lo contrario de lo que quiere el Espíritu. Y el Espíritu nos da deseos que son lo opuesto a lo que desea la naturaleza pecaminosa. Estas dos fuerzas luchan constantemente entre sí, por lo que no eres libre de llevar a cabo tus buenas intenciones.[2]

---

[1] Romanos 7:21–8:2indefinido
[2] Gálatas 5:16-17indefinido

Y así, queridos hermanos y hermanas, les suplico que entreguen sus cuerpos a Dios por todo lo que él ha hecho por ustedes. Que sean un sacrificio vivo y santo, del tipo que él encontrará aceptable. Esta es verdaderamente la manera de adorarlo. No copies el comportamiento y las costumbres de este mundo, **sino deja que Dios te transforme en una nueva persona cambiando tu forma de pensar. Entonces aprenderás a conocer la voluntad de Dios para ti, que es buena, agradable y perfecta.** [3]

Repasemos lo que hemos aprendido hasta ahora

- Tu historia está evolucionando. Tu mente está cambiando. No solo estás leyendo este libro para tu propia curación, sino que también te estás preparando para ayudar a otros.
- Los recuerdos no resueltos de un daño moral pueden desencadenar reacciones y comportamientos emocionales no deseados. Descubrirlos es el primer paso hacia la curación.
- La escritura expresiva y la terapia de conversación son herramientas poderosas que nos ayudan a exponer las lesiones morales, identificar nuestros desencadenantes, comprender nuestras reacciones y corregir percepciones distorsionadas, como las distorsiones cognitivas.
- Escribir un diario transforma los recuerdos fragmentados y las respuestas emocionales de la amígdala en una narrativa cohesiva, almacenándola en una parte del cerebro que ayuda a manejar nuestras reacciones. Al reescribir nuestra historia, aprendemos a manejarla con mayor claridad y propósito.
- El diario y la terapia de conversación ayudan a identificar las vías neuronales negativas y a crear planes para desarrollar nuevos hábitos beneficiosos.
- Si alguien te acusa de fracasar debido a una recaída momentánea, anímalo a leer este capítulo y desafíalo a ofrecer apoyo en lugar de críticas. Dentro de él se encuentra tanto la lucha como la esperanza de un nuevo tú.

---

[3] Romanos 12:1-2, énfasis mío

Indicaciones de diario y preguntas grupales

1. ¿Ayuda saber que el apóstol Pablo tuvo dificultades?
2. ¿Dónde se libran realmente nuestras batallas?
3. ¿Por qué esto hace que escribir un diario y la terapia de conversación sean tan importantes?
4. Lee Romanos 12:1-2 en diferentes traducciones. ¿Quién te está ayudando a crear nuevas vías neuronales? ¿Cuáles son los resultados? Veo tres mandamientos clave en estos versículos:
    - o Dar__________
    - o No__________
    - o Que Dios __________
5. Examine los diagramas de las páginas siguientes. Siéntete libre de abordar este ejercicio de manera creativa. Imagina salir de ti mismo para observar tu cerebro en acción.
6. ¿Qué diagrama muestra la amígdala en control? ¿Está funcionando a tu favor? ¿Puedes pensar en un ejemplo personal o crear un escenario plausible?
7. Ahora, ¿qué diagrama ilustra la corteza prefrontal al mando? ¿Cómo se desarrolla la situación de manera diferente? ¿Qué ejemplos puedes generar?
8. Crea una lista de personas de confianza a las que puedas comunicarte cuando, como describe Pablo, estés librando una guerra en tu mente y necesites apoyo. Asegúrate de tener su consentimiento para contactarlos y de conocer su disponibilidad.

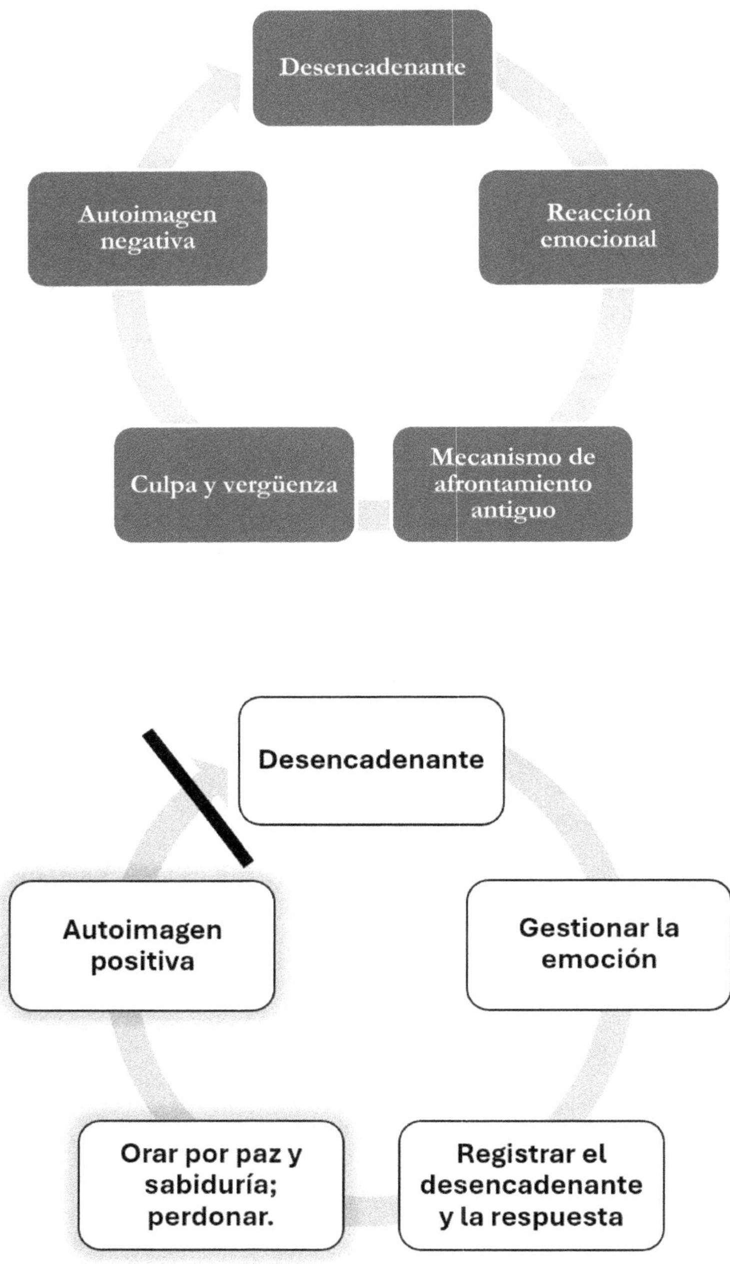
Desencadenante
Reacción emocional
Mecanismo de afrontamiento antiguo
Culpa y vergüenza
Autoimagen negativa
Desencadenante
Gestionar la emoción
Registrar el desencadenante y la respuesta
Orar por paz y sabiduría; perdonar.
Autoimagen positiva

Capítulo 12
Una nueva vida

Segunda parte: El carácter de Dios

Hace unos años, tuve el privilegio de codirigir un grupo de recuperación para drogadictos con un ex delincuente. Compartió cómo sus padres adictos a las drogas lo obligaron a consumir cocaína crack. Le ponían una pipa de crack en la boca y lo encerraban en un armario. Más tarde, después de ser criado en las calles, aprendió a defenderse y robar para mantener su hábito. Este fue el entorno de su infancia y adolescencia formativas.

Como adulto, fue arrestado y encarcelado repetidamente. Intentó programas de rehabilitación pero no tuvo éxito. Parecía que no podía escapar de la persona interior, moldeada por el entorno en el que se crió. Su último arresto fue por robo agravado, y un juez lo sentenció a veinte años de prisión.

Un día, otro recluso le dio una Biblia y lo animó a leerla. Poco después, fue sentenciado a cinco años en confinamiento solitario. Fue en la soledad que encontró a Jesús a través de la Biblia. Reflexionando sobre su vida, me dijo: "Necesité quince años en prisión porque Dios tenía mucho trabajo que hacer en mí".

Una mujer cristiana aceptó el desafío de un amigo de convertirse en amiga por correspondencia de un recluso, que resultó ser él. Ambos encontraron que la correspondencia era edificante. Floreció una amistad y ella comenzó a visitarlo todas las semanas. Compartió en su testimonio: "Leer la Biblia, sus cartas y sus visitas me rescataron. 2 Corintios 5:17 se convirtió en mi versículo: 'Por tanto, si alguno está en Cristo, nueva criatura es; ¡Lo viejo se ha ido, lo nuevo ha llegado!'".

Durante los últimos cinco años de su sentencia, estuvo en libertad condicional y trabajamos juntos en un ministerio cristiano de rehabilitación. Aprendí mucho de él. El final feliz de su historia es que se casó con la mujer cristiana que era su amiga por correspondencia. Tienen una familia y él dirige un pequeño negocio exitoso.

Mi amigo conoció a Jesús en la cárcel. La siguiente persona se encontró con Jesús en su oficina de impuestos.

Mateo

Mateo era un recaudador de impuestos judío para el gobierno romano, y sabía exactamente cómo lo percibía la gente: un traidor, peor que un soldado romano que simplemente hacía su trabajo. Los líderes religiosos se burlaron mientras pasaban. Se le prohibió la entrada a la sinagoga y se le cortó la vida religiosa. ¿Y qué si a la gente no le gustaba? Era dueño de una casa tres veces más grande que la de ellos, y era rico. Este era Mateo antes de conocer a Jesús.

En el Evangelio de Mateo, Mateo relata la historia de Jesús llamándolo a ser discípulo. Incluye algo significativo que Marcos y Lucas pasaron por alto en sus relatos. Mateo escribe:

> Mientras Jesús caminaba, vio a un hombre llamado Mateo sentado en su puesto de recaudador de impuestos. "Sígueme y sé mi discípulo", le dijo Jesús. Entonces Mateo se levantó y lo siguió.[1]

Mateo escribió que Jesús vio a un hombre, no a un traidor. Ese simple acto lo cambió todo. Tanto es así que dejó su trabajo y siguió a Jesús. Una noche, invitó a Jesús y a los otros discípulos a cenar para conocer a sus amigos, compañeros recaudadores de impuestos y otros "pecadores".

---

[1] Mateo 9:9

> Más tarde, Mateo invitó a Jesús y a sus discípulos a su casa como invitados a cenar, junto con muchos recaudadores de impuestos y otros pecadores de mala reputación. Sin embargo, cuando los fariseos vieron esto, preguntaron a sus discípulos: "¿Por qué tu maestro come con tanta escoria?" [2]

Los fariseos religiosos se referían a Mateo y a sus amigos como "escoria", pero no era así como Jesús los veía. Vio a los que podían ser redimidos. Aún más que eso, reconoció a Mateo como un futuro discípulo. Jesús regañó a los fariseos religiosos por llamar pecadores a Mateo y a sus amigos.

> "Las personas sanas no necesitan un médico, las personas enfermas sí". Luego agregó: "Ahora ve y aprende el significado de esta Escritura: 'Quiero que muestres misericordia, no ofrezcas sacrificios', porque no he venido a llamar a los que se creen justos, sino a los que saben que son pecadores".[3]

El "traidor" se convirtió en discípulo, no por su deseo de seguir a Jesús, sino porque Jesús vio en él más de lo que vio en sí mismo. Jesús le dio un valor que superaba su riqueza mundana. Jesús lo había llamado, y eso significaba todo.

> Porque el Hijo del Hombre vino a buscar y salvar a los que están perdidos.[4]

Una nueva vida

Otro amigo mío era un peleador borracho que eligió terminar con su vida conduciendo su camión lo más rápido que pudo contra una barricada de concreto. La policía declaró que no había forma de que hubiera sobrevivido.

---

[2] Mateo 9:10-11
[3] Mateo 9:12-13
[4] Lucas 19:10

Comparte en su testimonio que sabía que Dios lo había salvado y que estaba destinado a entregar su vida a Jesús. Le pidió perdón a Dios y lo recibió. Ahora, él y su esposa, una ex adicta, sirven en un ministerio de recuperación y están activos en una iglesia ubicada en el área de ingresos más bajos de la ciudad. Donde una vez estuvieron perdidos, ahora encuentran significado y propósito en servir a Jesús y a los demás.

Muchos ex drogadictos informan que han descubierto un "subidón espiritual" que supera cualquier cosa que el mundo pueda proporcionar. Al abrazar una nueva vida llena de oración, estudio bíblico, adoración y compañerismo con otros amigos cristianos, sus adicciones anteriores pierden su atractivo. Aunque siguen sin ser conscientes de los cambios que ocurren en sus cerebros, han creado nuevas vías neuronales. Ahora, compartir la alegría de conocer a Jesús con los demás es su pasión. No importa qué desafíos te haya presentado la vida, esta también puede ser tu historia.

La recuperación espiritual genuina viene a través de una relación con Jesús, lograda mediante el estudio de la Biblia, la oración, la adoración y el intercambio con amigos cristianos. La humildad juega un papel crucial. Para muchos de nosotros, esto significaba "tocar fondo" antes de acudir a Dios, sorprendidos de que él estuviera allí esperándonos. Su deseo es que todos encuentren a Jesús como su Salvador, y él permanece paciente.

> Pero no olvidéis esto, queridos hermanos: para el Señor un día es como mil años, y mil años son como un día. El Señor no tarda en cumplir su promesa, como algunos entienden la lentitud. Él es paciente contigo, no quiere que nadie perezca, sino que todos se arrepientan.[5]

Indicaciones de diario y preguntas grupales

1. Este es el primer capítulo de la segunda parte: El carácter de Dios. Podemos aprender acerca de su naturaleza observando a Jesús. Jesús dijo que "El Padre y yo somos uno",[6] y "El que me

---

[5] 2 Pedro 3:8-9, NVI
[6] Juan 10:30

ha visto a mí, ha visto al Padre".[7] El apóstol Pablo escribió: "Cristo es la imagen visible del Dios invisible".[8] ¿Qué aprendiste acerca de Dios al observar a Jesús?

2. Este capítulo trata sobre vidas cambiadas. Mis dos amigos tocaron fondo antes de volverse a Dios. ¿Por qué crees que la crisis a menudo lleva a las personas a buscarlo? ¿Has estado allí?
3. ¿Alguna vez has experimentado la gracia de Dios a través de otra persona? Describe lo que sucedió y cómo te afectó.
4. ¿Por qué crees que una vida transformada con Jesús es distinta de otros esfuerzos para cambiar nuestras vidas?
5. Reflexiona sobre la historia de Mateo: Jesús lo vio como un hombre, no como un traidor. ¿Qué etiquetas te han puesto tú u otros? ¿Cómo te ve Dios de manera diferente? ¿Qué etiquetas has puesto a los demás? ¿Cómo los ve Dios de manera diferente?
6. ¿Por qué crees que la humildad es esencial para la verdadera recuperación espiritual? Jesús enseñó una parábola sobre un fariseo y un recaudador de impuestos. ¿Qué cualidades honra Dios en una persona? Lee a continuación.

> Entonces Jesús contó esta historia a algunos que tenían gran confianza en su propia justicia y despreciaban a todos los demás: "Dos hombres fueron al templo a orar. Uno era un fariseo, y el otro era un despreciado recaudador de impuestos. El fariseo se puso de pie y rezó esta oración: "Te doy gracias, Dios, porque no soy pecador como todos los demás. Porque no engaño, no peco y no cometo adulterio. ¡Ciertamente no soy como ese recaudador de impuestos! Ayuno dos veces por semana y te doy la décima parte de mis ingresos"'.

---

[7] Juan 14:9
[8] Colosenses 1:15

Pero el recaudador de impuestos se mantuvo a distancia y ni siquiera se atrevió a levantar los ojos al cielo mientras oraba. En cambio, se golpeó el pecho con dolor, diciendo: 'Oh Dios, ten misericordia de mí, porque soy un pecador'. Les digo que este pecador, no el fariseo, regresó a casa justificado ante Dios. Porque los que se enaltecen serán humillados, y los que se humillan serán enaltecidos".[9]

[9] Lucas 18:9-14

Capítulo 13
La naturaleza pecaminosa de la humanidad

Para comprender la magnitud de la salvación de la humanidad, debemos comprender el pecado. El pecado es la barrera para la recuperación. Si no lo enfrentamos primero, la recuperación espiritual se vuelve imposible. Necesitamos rendir nuestros pecados a Jesús para alcanzar la salvación. Desafortunadamente, el pecado con frecuencia se malinterpreta.

He escuchado algunos conceptos intrigantes sobre el pecado. Una era: "Los cristianos crearon el pecado para hacernos sentir culpables". Otro fue: "Dios creó el pecado porque creó todo. No podemos evitarlo". El argumento era que si el pecado es inevitable, ¿por qué resistirlo? Simplemente vive con eso.

El pecado es a menudo un tema incómodo y pocas personas se toman el tiempo para estudiarlo. Las diferentes denominaciones de la iglesia abordan el pecado de varias maneras, lo que lo hace confuso. Gran parte de la incomodidad y la renuencia a participar en los grupos de recuperación se deriva de la falta de comprensión del pecado, nuestro papel y el de Dios.

La etiqueta "pecador" duele, pero ¿qué significa? ¿Nos vamos al infierno? ¿Qué define un "pecado"? ¿Qué significa que Jesús murió por los pecadores? ¿Cómo puede un hombre morir por todos? ¿Qué puede explicar las atrocidades que ha cometido la humanidad?

Antes de condenarnos a nosotros mismos y a los demás, debemos comprender la condición humana y lo que Dios llama pecado. ¿De qué otra manera podemos recuperarnos de algo que no entendemos? Jesús explica:

> Porque de dentro, del corazón del hombre, salen los malos pensamientos, la inmoralidad sexual, el robo, el asesinato, el adulterio, la avaricia, la maldad, el engaño, los deseos lujuriosos, la envidia, la calumnia, la soberbia y la insensatez. Todas estas cosas viles vienen de adentro; son los que te contaminan.[1]

> De cierto os digo: todo el que peca es esclavo del pecado.[2]

La mayoría puede entender ser un "esclavo" de la metanfetamina, el alcohol u otras adicciones. Es un infierno tratar de liberarse. No pensamos en ser esclavos del "pecado".

El origen de la naturaleza pecaminosa de la humanidad

Si una naturaleza pecaminosa es parte de la condición humana, ¿cómo comenzó y quién es responsable? ¿Es culpa de Dios? La Biblia explica cómo el pecado, el acto de hacer las cosas a nuestra manera en lugar de la de Dios, entró en el mundo.

> Cuando Adán [el primer humano] pecó, el pecado entró en el mundo. El pecado de Adán trajo la muerte, por lo que la muerte se extendió a todos, porque todos pecaron.[3]

Esta única verdad teológica lo simplifica todo. ¡Un hombre lo comenzó todo! Para aquellos que no están familiarizados con cómo se creó el mundo, se encuentra en los primeros capítulos de la Biblia: el libro de Génesis (comienzos). Dios creó el primer Homo sapiens (seres humanos). Dios hizo a Adán primero y le dio una esposa, Eva. A la pareja se le ofrece un hermoso lugar para vivir en la tierra llamado el Jardín del Edén. Dios lo declara "bueno". Es hermoso con todo lo que podrían desear para vivir felices: un mundo perfecto y sin pecado, ¡un lugar donde puedan caminar en la presencia de Dios! En este punto de la historia de la humanidad, tampoco hay muerte.

---

[1] Marcos 7:21-23
[2] Juan 8:34
[3] Romanos 5:12

Dios confía a Adán y Eva la responsabilidad de cuidar el jardín y todas sus buenas creaciones. Pregunta: ¿Servirán en obediencia a Dios, su Creador? ¿Confiarán en Dios y permanecerán fieles? ¿O elegirán desobedecer las instrucciones de Dios e intentarán vivir a su manera? Son libres de hacer su elección. La historia es de Génesis 2:15-3:13.

> Pero el Señor Dios le advirtió: "Puedes comer libremente del fruto de todo árbol del jardín, excepto el árbol de la ciencia del bien y del mal. Si comes su fruto, seguramente morirás".[4]

Un nuevo personaje entra en el Jardín del Edén. La serpiente, una metáfora del diablo o Satanás, tentó a Eva con una verdad a medias: "¡No morirás! Serás como Dios, conociendo el bien y el mal". En lugar de confiar en Dios, Adán y Eva rechazaron su sabiduría y advertencia para su protección. Su decisión no fue simplemente desobediencia, fue un desafío directo a Su autoridad, una rebelión que introdujo el pecado y la muerte en el mundo. Querían ser como Dios, decidiendo el bien y el mal por sí mismos, pero nunca pudieron ser Dios, porque fueron hechos del polvo de la tierra.[5] Hemos estado viviendo con las consecuencias desde entonces.

Sin el conocimiento intrínseco del bien y del mal, el daño moral no existiría.

Por favor, comprende que Satanás era el adversario de Adán y Eva, no de Dios. ¡Satanás y Dios no son iguales! Satanás es un ángel creado a quien una vez se le dio la opción de obedecer a Dios en el reino celestial, pero eligió desobedecer en su lugar. Adán y Eva desobedecieron a Dios por su propia voluntad. Satanás simplemente proporcionó la tentación.

¿Les dio Dios a Adán y Eva la libertad de elegir obedecerlo o no? Sí. ¿Les ofreció la oportunidad de admitir su error? Sí. Dios les preguntó: "¿Habéis comido del árbol cuyo fruto os mandé que no comierais?"[6]

---

[4] Génesis 2:16-17
[5] Génesis 2:7; 3:19
[6] Génesis 3:11

Dios hizo una pregunta simple, permitiendo que Adán y Eva confesaran sus acciones. En cambio, ofrecieron excusas. No se disculparon y se culparon unos a otros y a la serpiente. Dios emitió una consecuencia por su desobediencia. El Jardín ya no era perfecto con ellos en él. Habían sido advertidos. Dios le dice a la pareja impenitente que abandone su jardín perfecto, un lugar santo sin pecado ni muerte, donde habían vivido en su presencia.

Lejos del Jardín, Adán y Eva forman una familia. Sus primeros hijos son Abel y Caín. Los niños crecen para ser agricultores y pastores. Un día, cada uno trae su ofrenda a Dios. La ofrenda de Abel está de acuerdo con el requisito de Dios, pero la de Caín no lo es. Fiel a la buena naturaleza de Dios, le pregunta a Caín y le advierte:

> "¿Por qué estás tan enojado?", le preguntó el Señor a Caín. "¿Por qué te ves tan abatido? Serás aceptado si haces lo correcto. Pero si te niegas a hacer lo correcto, ¡ten cuidado! El pecado está agazapado en la puerta, ansioso por controlarte. Pero debes someterlo y ser su amo".[7]

Aquí hay una oportunidad para que Caín hable con Dios, incluso si quiere quejarse, pero ignora a Dios y su advertencia. Un día, invita a su hermano Abel a salir al campo con él, y lo asesina. ¡En solo una generación, el pecado se convirtió en asesinato![8]

Cuando creemos en nuestra propia versión de la verdad

Menciono el pecado porque surge en todos los grupos de recuperación o grupos de hombres en los que he estado. **El pecado puede definirse como vivir a nuestra manera en lugar de a la manera de Dios.** Es un tema que recorre toda la Biblia.

---

[7] Génesis 4:6-7indefinido

[8] Génesis 4:8

> Abandone el impío su camino,
> y el malvado sus pensamientos.
> Vuélvase al Señor,
> y él tendrá misericordia de él,
> y de nuestro Dios, porque perdonará de buena gana.
> "Porque mis pensamientos no son vuestros pensamientos, ni vuestros caminos mis caminos",
> declara el Señor.
> "Como son más altos los cielos que la tierra, así son mis caminos más altos que vuestros caminos, y mis pensamientos más que vuestros pensamientos."[9]

El pecado se inicia a partir de nuestros pensamientos. En el pasaje anterior de Isaías, Dios explica que hay dos formas de vivir: la nuestra o la tuya. Él es nuestro Creador. O aceptamos su verdad o nos rebelamos contra ella y hacemos lo nuestro. La Biblia advierte:

> Hay un camino que parece recto para un hombre, pero su fin es el camino de la muerte.[10]

La creencia generalizada de que la verdad es relativa ignora a nuestro Creador y eleva los pensamientos y sentimientos personales a un estatus divino. La raíz de este problema es el orgullo, una falta percibida de necesidad de Dios. La Biblia afirma que lo contrario es cierto; un temor reverente (es decir, respeto) de Dios es el primer paso para obtener sabiduría. Esto requiere que reconozcamos a Dios como nuestro sabio Creador, y sus caminos son mejores que los nuestros. El apóstol Pablo advirtió contra ignorar a Dios:

> Como pensaban que era una tontería reconocer a Dios, él los abandonó a su pensamiento necio y les permitió hacer cosas que nunca deberían hacerse. [11]

---

[9] Isaías 55:7-9, NVI
[10] Proverbios 14:12; 16:25, NVI
[11] Romanos 1:28indefinido

Escrito en el año 57 d.C., se parece asombrosamente a nuestro mundo actual. Vivimos nuestro día como si Dios no existiera o estuviera tan distante que no le importa. "Verdad" es lo que hacemos de ella. Separados de Dios y abandonados a nuestros propios recursos, mira el daño que nos hemos infligido unos a otros.

La palabra hebrea para pecado es chata. "Es la palabra más importante para pecado en el Antiguo Testamento, similar a la palabra griega hamartano. Significa perder el camino"[12] El pecado es perder el camino que Dios pretendía para nosotros.

Nuestro Creador ha establecido verdades objetivas que existen independientemente de los pensamientos y sentimientos humanos. Estas verdades son accesibles para nosotros a través de su Palabra escrita, la Biblia; sin embargo, pocos se toman el tiempo para leerla.

La sabiduría humana, aparte de Dios, solo conduce a la confusión, el quebrantamiento y el daño. Sin embargo, para aquellos que lo reconocen, se otorga sabiduría y el camino hacia la restauración se vuelve claro. Como nos recuerda la Escritura:

> Si alguno de vosotros tiene falta de sabiduría, pídala a Dios, que da a todos generosamente sin reproche, y se le dará. [13]

Indicaciones de diario y preguntas grupales

1. ¿Cómo viviste a tu manera en lugar de la de Dios en tu pasado? ¿Qué pasó? ¿Qué pasa con el presente? Cuéntale a Dios en tu diario.
2. ¿Cómo vivieron otros en tu historia a tu manera en lugar de la de Dios? ¿Qué pasó? Ingresa en tu diario.
3. ¿Dónde encontramos la verdad para vivir a la manera de Dios? ¿Qué responsabilidad tenemos? ¿Cómo podemos ayudarnos unos a otros?

---

[12] Spiros Zodhiates, ed., Léxico del Antiguo y Nuevo Testamento, en The Hebrew-Greek Key Study Bible, New American Standard (Chattanooga, TN: AMG Publishers, 1984), Strong's no. 2398, 1724.
[13] Santiago 1:5, NASU

4. Dios le describió el pecado a Caín como si tuviera un carácter, describiéndolo como algo "agazapado a la puerta". Tómate un momento para describir el pecado con tus propias palabras en tu diario. ¿Puedes crear una imagen de él? Cuando te enfrentes a la tentación, recordar esa imagen podría ayudarte a resistirla. Además, considera 1 Pedro 5:8-9: "¡Manténganse alerta! Cuidado con tu gran enemigo, el diablo. Merodea como un león rugiente, buscando a alguien a quien devorar. Mantente firme contra él y sé fuerte en tu fe". ¿Qué imágenes se utilizan para retratar al diablo?
5. ¿Quién fue el adversario de Adán y Eva? ¿Quién es nuestro adversario?
6. ¿Qué podemos aprender de Efesios 6:12, "Porque no peleamos contra enemigos de sangre y carne, sino contra malos gobernantes y autoridades del mundo invisible, contra grandes poderes en este mundo de tinieblas, y contra espíritus malignos en los lugares celestiales". ¿Nos libera esto de la responsabilidad del pecado o nos da una razón para luchar?

Capítulo 14
La promesa de Dios para la humanidad

> Cuando Adán pecó, el pecado entró en el mundo. El pecado de Adán trajo la muerte, por lo que la muerte se extendió a todos, porque todos pecaron.[1]

Dios tenía un plan para la salvación de la humanidad desde el principio. Si un hombre, Adán, podía traer el pecado y la muerte a todos, entonces un hombre podría eliminarlos. ¿Pero quién? Adán fue el primer representante de la humanidad, Dios necesitaría otro. Desafortunadamente para nosotros:

> El Señor mira desde el cielo a toda la raza humana;
> Mira para ver si alguien es verdaderamente sabio,
> si alguien busca a Dios. Pero no,
> todos se han alejado;
> todos se han corrompido.
> ¡Nadie hace el bien,
> ni uno solo![2]

Dios no tiene una balanza para medir nuestra "bondad" personal, como algunos pueden esperar. Nadie está a la altura de su santidad. Un hombre le preguntó una vez a Jesús qué tenía que hacer para ganarse la vida eterna, una pregunta en la mente de todos. Jesús respondió que lo que es imposible para las personas solo es posible con Dios.[3]

Pero Dios tenía que comenzar en alguna parte, por lo que comenzó su plan eligiendo a un hombre llamado Abram (más tarde Abraham), no por su bondad, sino por su fe en situaciones aparentemente imposibles. A través del linaje de Abram, Dios bendeciría a todas las familias de la tierra.[4]

Para asegurarse de que Abram comprendiera el significado de su papel en la historia humana, Dios utilizó las costumbres de la época para

---

[1] Romanos 5:12
[2] Salmos 14:2-3
[3] Mateo 19:16-30
[4] Génesis 12:3; 28:14

establecer un pacto. (Nos estamos enfocando en un solo aspecto de su relación de pacto).

Los pactos eran acuerdos vinculantes reconocidos en toda la humanidad. En la antigüedad, sellaban alianzas, brindaban protección y definían relaciones, ya sea entre reyes y naciones o familias e individuos. Eran inquebrantables, sellados en sangre y requerían lealtad. Quebrantar un convenio tenía graves consecuencias, incluso la muerte.

Aquí hay una ilustración: cuando un rey poderoso conquistó un reino más débil, no era necesariamente ventajoso destruirlo por completo. En cambio, era común ofrecer un pacto en el que el reino menor (el vasallo) le serviría (el soberano). Una ceremonia formal selló el acuerdo con la presencia de altos funcionarios de ambos reinos.

Un toro enorme, que a menudo representaba fuerza, fue conducido al centro de la reunión. Le cortaron la garganta y luego la descuartizaron por la mitad, partiéndola por la columna vertebral y desgarrándola. Pretendía ser una amenaza espantosa. "Esto es lo que te haré", anunciaría el Gran Rey, "si rompes el pacto que hacemos hoy".

Luego, cada reino eligió un representante del pacto. Las vidas de toda su gente descansaban sobre sus hombros. Entrarían caminando por el camino empapado de sangre entre las mitades del toro y reuniéndose en el centro. Allí, se cortaban las palmas de las manos, juntaban las manos y declaraban con valentía: "Yo estoy en ti y tú estás en mí". Su sangre mezclada significaba su unidad, uniendo sus destinos y los reinos. Como recordatorio del pacto, sus heridas a menudo se trataban con algo para crear una gran cicatriz, un símbolo duradero del vínculo inquebrantable.

Después, el soberano anunciaba los términos del pacto y compartían una comida sencilla. Una barra de pan rota simbolizaba el cuerpo del toro partido por la mitad. Una copa de vino compartida representaba la sangre de los campeones. Beber el vino simbolizaba que estaban "dentro" el uno del otro, uniéndolos. Los dos reinos eran ahora uno, aunque personas diferentes.

Ahora que entendemos la seriedad y el simbolismo de los pactos antiguos, leamos sobre el pacto de Dios con Abram.

> El Señor le dijo a Abram: "Tráeme una novilla de tres años, una cabra de tres años, un carnero de tres años, una tórtola y un pichón". Entonces Abram le presentó todo esto y lo mató. Luego, cortó cada animal por la mitad y colocó las mitades una al lado de la otra; sin embargo, no cortó las aves por la mitad. . . Después de que se puso el sol y cayó la oscuridad, Abram vio un brasero humeante y una antorcha encendida [fuego que simboliza la santidad de Dios] pasar entre las mitades de los cadáveres. Así que el Señor hizo un pacto con Abram ese día.[5]

¡Por favor, comprende el significado de lo que sucedió! Dios Todopoderoso, el Gran Rey, el Soberano, caminó por el camino empapado de sangre entre los cadáveres. El mensaje era innegable: si se rompía el pacto, él recibiría el espantoso castigo.

Más tarde, Dios cambió el nombre de Abram a Abraham, y la señal del pacto se convirtió en la circuncisión. (Una vez más, nos estamos enfocando en un solo aspecto del pacto de Dios con Abram). Después de muchas generaciones, la línea familiar de Abraham fue conocida como el pueblo de Israel. Estuvieron cautivos en Egipto durante unos 400 años, multiplicándose enormemente hasta que el faraón les temió (una historia que no tenemos tiempo de contar).

Dios orquesta su escape de Egipto y los reúne al pie de una montaña, donde expande su pacto con Abraham y ahora con Moisés. Para entonces, su número había aumentado a millones, y fueron identificados como el pueblo de Israel. En la montaña, mientras el pueblo espera abajo, Dios presenta a Moisés los términos de su pacto con el pueblo de Israel. Lo encontramos referenciado en Éxodo 24. Aquí hay algunos puntos clave:

- Los toros se sacrificaban como ofrenda de paz, con la mitad de su sangre colocada en recipientes y la otra mitad salpicada en el altar. Observa el significado de la sangre en la ceremonia del pacto.

---

[5] Génesis 15:9-17

- El pueblo proclama juntos que aceptarán y cumplirán los términos del pacto.
- Moisés toma la sangre de las vasijas y la salpica sobre el pueblo, diciendo: "Mira, esta sangre confirma el pacto que el Señor ha hecho contigo al darte estas instrucciones".[6]

> "Entonces Moisés, Aarón, Nadab, Abiú y los setenta ancianos de Israel subieron de nuevo al monte. Allí vieron al Dios de Israel. Bajo sus pies, parecía haber una superficie de lapislázuli azul brillante tan clara como el cielo mismo. Y aunque estos nobles de Israel miraron a Dios, él no los destruyó. De hecho, ¡comieron **una comida del pacto**, comiendo y bebiendo en su presencia!"[7]

Esta es una breve descripción de los pactos, el lenguaje de los pactos y el simbolismo. Más adelante, nos ayudará a comprender la Expiación y la Santa Cena (es decir, la Cena del Señor). Dios confirma su promesa a la humanidad a través de un pacto sagrado (y una alerta de spoiler): Jesús será nuestro representante del pacto.

Indicaciones de diario y preguntas grupales

1. ¿Opera Dios un sistema de méritos para ganar la vida eterna? ¿Por qué o por qué no?
2. ¿Preferirías un sistema de méritos que te obligue a competir con otros por la salvación?
3. ¿Por qué Dios estableció un pacto, un acuerdo inquebrantable y sellado con sangre, como el fundamento de su plan para la humanidad? Él puede hacer lo que quiera, pero hizo un pacto que se transmitió de generación en generación. ¿Por qué?
4. ¿Qué revela esto acerca de su carácter y nuestra relación con él?
5. ¿Quién caminó entre las mitades de los animales sacrificados?

---

6 Éxodo 24:8
7 Éxodo 24:9-11, énfasis mío

6. ¿Quién sirve como representante tanto de Dios como de la humanidad en el pacto con Abram?
7. ¿Cuáles fueron las consecuencias de un pacto roto?
8. La Biblia es la palabra de Dios, escrita bajo su supervisión. Se divide en el Antiguo Testamento y el Nuevo Testamento. La palabra griega "testamento" se utiliza como equivalente de la palabra hebrea "pacto". La base de la Biblia son dos pactos: el "Antiguo" y el "Nuevo". ¿Qué piensas sobre el significado de esto?
9. Dios observa a toda la raza humana y no encuentra a nadie que sea bueno. Adán fue el primer representante de toda la humanidad e inicialmente no tenía pecado como parte de la "buena" creación de Dios hasta que desobedeció. Debido a que fue el primer ser humano, pudo representarnos a todos. ¿Quién es el único representante posible de toda la humanidad, pasada, presente y futura? ¿Cómo pudo suceder eso?

Capítulo 15
Jesús, nuestro representante del pacto

Desde los primeros días de la humanidad, Dios estableció pactos, primero con Noé, luego con Abraham y más tarde con Moisés y los israelitas. En la narrativa general de la Biblia, la salvación de la humanidad, estos no fueron acuerdos aleatorios, sino pasos decididos en su plan divino. El pacto con Noé aseguró la preservación de la humanidad, mientras que los pactos con Abraham e Israel apuntaron hacia el cumplimiento final: el Nuevo Pacto, que restaura a la humanidad a una existencia similar al Jardín del Edén, libre de pecado y muerte (aunque no de inmediato, Dios es paciente).

Si el pacto con Abraham requería un representante, y el pacto con Israel exigía sangre, entonces la pregunta sigue siendo: ¿Quién sería el representante de toda la humanidad? ¿Quién pagaría el precio por un pacto roto? ¿De quién es la sangre? La respuesta no fue otro profeta, sacerdote o rey; solo podía ser Dios mismo, presente en la persona de Jesucristo como Salvador de la humanidad.

Jesús no solo vino a enseñar o realizar milagros, sino que vino a cumplir el pacto final al ofrecer su propia sangre como sacrificio. A través de su muerte, logró lo que ningún ser humano pudo: un sacrificio expiatorio de una vez por todas por el pecado. Esto es lo que ahora llamamos la Expiación: el acto por el cual Jesús tomó sobre sí el castigo que merecíamos, satisfaciendo tanto la justicia como la misericordia de Dios. Pero, ¿por qué sangre? ¿Por qué la muerte? ¿Por qué lo espantoso de la cruz? ¿Y por qué era esto necesario?

Los sacrificios por el pecado estaban arraigados en la cultura. A pequeña escala, se realizaban sacrificios diarios que, con el tiempo, se convirtieron en rituales vacíos. Además, había sacrificios para ocasiones especiales, algunos asociados con festivales. Para nuestro estudio y para mantener la brevedad, nos centraremos en los pactos de Abraham e Israel y, lo más importante, en el Día de la Expiación.

Dos elementos esenciales de los pactos y sacrificios eran la sangre y los representantes (como un cordero inmaculado) que ocupaban el lugar de muchos. Sin embargo, cada sacrificio, desde el pacto de Abraham hasta el Día de la Expiación de Israel, apuntaba a algo más grande.

El problema nunca fueron simplemente los pecados individuales; más bien, el verdadero problema radicaba en la naturaleza pecaminosa inherente a toda la humanidad: el estado del corazón humano que nos separa de Dios. Los sacrificios del Antiguo Pacto actuaron como una cobertura temporal para los pecados, pero nunca fueron suficientes. El pecado persistió.

En lugar de exigir que cada persona cargue con el costo de toda una vida de pecado, Dios, a través de su pacto, declaró que pagaría el precio. Solo nuestro Creador podía representarse a sí mismo y a toda la humanidad. Jesucristo, el Hijo de Dios, se convirtió en nuestro representante del pacto, ofreciendo su propia sangre, no la sangre de toros o machos cabríos, como la expiación definitiva y perfecta. Este fue el plan y la promesa de Dios. El autor del Libro de Hebreos ilustra el propósito de Dios detrás de los sacrificios del Antiguo Pacto, proporcionando una descripción vívida del costo del pecado:

> El antiguo sistema bajo la ley de Moisés era solo una sombra, un tenue anticipo de las cosas buenas por venir, no las cosas buenas en sí. Los sacrificios bajo ese sistema se repetían una y otra vez, año tras año, pero nunca podían proporcionar una limpieza perfecta para los que venían a adorar. Si hubieran podido proporcionar una limpieza perfecta, los sacrificios se habrían detenido, porque los adoradores habrían sido purificados una vez para siempre, y sus sentimientos de culpa habrían desaparecido.
>
> Pero en cambio, esos sacrificios en realidad les recordaron sus pecados año tras año. Porque no es posible que la sangre de los toros y de los machos cabríos quite los pecados. Por eso, cuando Cristo [Jesús] vino al mundo, le dijo a Dios:

"No querías sacrificios de animales ni ofrendas por el pecado. Pero Tú me has dado un cuerpo para ofrecer. No te agradaron los holocaustos ni otras ofrendas por el pecado.

Entonces dije: "Mira, he venido a hacer tu voluntad, oh Dios, como está escrito de mí en las Escrituras" ...

. . . [Cristo] cancela el primer pacto para poner en práctica el segundo. Porque la voluntad de Dios era que fuéramos santificados [perfectos] por el sacrificio del cuerpo de Jesucristo, una vez y para siempre. [1]

El Día de la Expiación

Dios le dijo a Moisés:

Porque la vida de la criatura está en la sangre, y yo os la he dado para que hagáis expiación por vosotros mismos en el altar; es la sangre la que hace expiación por la vida de uno.[2]

Una vez al año, en el Día de la Expiación, se traían dos machos cabríos inmaculados. El sumo sacerdote les impuso las manos, simbolizando la transferencia de los pecados y la culpa del pueblo. Un macho cabrío fue sacrificado, recibiendo la sentencia de muerte que el pueblo merecía: "la sangre que hace expiación". El otro macho cabrío fue llevado al desierto, mucho más allá del campamento, donde nunca podría regresar, simbolizando la eliminación completa de sus pecados por parte de Dios.

Jesús es el cumplimiento de ambos. Él es el Cordero sacrificial que derramó su sangre para nuestro perdón, y él es el chivo expiatorio que llevó nuestros pecados lejos, para nunca más ser contado contra nosotros. Por eso, cuando Juan el Bautista vio a Jesús, declaró:

¡Mira! ¡El Cordero de Dios que quita el pecado del mundo![3]

---

[1] Hebreos 10:1-10
[2] Levítico 17:11, NVI
[3] Juan 1:29

El último sacrificio

En Jesús, Dios cumplió su promesa de bendecir a todas las familias de la tierra. Sin embargo, el plan de Dios era aún más preciso de lo que a menudo nos damos cuenta. Jesús no solo fue el cumplimiento del pacto, sino que fue descendiente directo de Abraham a través de María, su madre. Esto no fue una coincidencia; fue una parte deliberada de la promesa de Dios, intrincadamente entretejida en la historia mucho antes del nacimiento de Jesús. A través de él, Dios extiende el perdón por la naturaleza pecaminosa de la humanidad, de una vez por todas. Lo que era imposible para la humanidad es posible solo por Dios, nuestro Creador.

> Debido a que los hijos de Dios son seres humanos, hechos de carne y hueso, el Hijo [de Dios] también se hizo carne y sangre. Porque solo como ser humano podía morir, y solo muriendo podía romper el poder del diablo, que tenía el poder de la muerte. Solo de esta manera pudo liberar a todos los que han vivido sus vidas como esclavos del temor de morir.[4]

> Porque todos pecaron; todos estamos destituidos del glorioso estándar de Dios. Sin embargo, Dios, con bondad inmerecida, declara que somos justos. Lo hizo a través de Cristo Jesús cuando nos liberó del castigo por nuestros pecados. Porque Dios presentó a Jesús como el sacrificio por el pecado. Las personas son justas con Dios cuando creen que Jesús sacrificó su vida, derramando su sangre.[5]

> Y cuando creíste en Cristo, él te identificó como suyo al darte el Espíritu Santo, a quien prometió hace mucho tiempo. El Espíritu es la garantía de Dios de que nos dará la herencia que prometió y de que nos ha comprado para ser su propio pueblo. Hizo esto para que lo alabáramos y glorificáramos [estar agradecidos].[6]

---

[4]Hebreos 2:14-17indefinido
[5] Romanos 3:23-25indefinido
[6] Efesios 1:13-14

Solo Dios, nuestro Creador, puede representar plenamente a toda la humanidad y ofrecer un solo sacrificio por todos. Fue su promesa cuando caminó entre los cadáveres ensangrentados en su pacto con Abraham. La crucifixión de Jesús, el Hijo de Dios, fue el sacrificio expiatorio supremo. Fue golpeado, azotado, burlado y clavado en la cruz, cumpliendo la profecía:

> Fue traspasado por nuestra rebelión, aplastado por nuestros pecados. Fue golpeado para que pudiéramos estar completos. Fue azotado para que pudiéramos ser sanados.[7]

Después de la muerte de Jesús, un hombre rico llamado José envolvió su cuerpo en lino y lo colocó en su propia tumba nueva.[8] Tres días después, Jesús salió de la tumba, ¡vivo! [9]

Cuarenta días después, el apóstol Pedro se dirigió a una gran multitud y declaró:

> "Dios resucitó a Jesús de entre los muertos, y todos somos testigos de esto".
>
> El mensaje les llegó al corazón y preguntaron:
>
> "¿Qué debemos hacer?"
>
> Pedro respondió: "Cada uno de ustedes debe arrepentirse de sus pecados, volverse a Dios y ser bautizado en el nombre de Jesucristo para mostrar que ha recibido el perdón de sus pecados. Entonces recibirás el don del Espíritu Santo".[10]

Más tarde, Pablo escribió:

---

[7] Isaías 53:5indefinido

[8] Mateo 27:57-61

[9] Mateo 28:1-10; Marcos 16:1-7; Lucas 24:1-7; Juan 20:1-18

[10] Hechos 2:32-41

> Si confiesas con tu boca que Jesús es el Señor y crees en tu corazón que Dios lo levantó de entre los muertos, serás salvo. Porque creyendo en tu corazón eres justificado ante Dios, y confesando con tu boca eres salvo.[11]

Jesús pagó el precio por nuestros pecados, concediéndonos su justicia. Su resurrección demuestra su poder sobre la muerte. Cuando él regrese, un día moraremos en la presencia de Dios para siempre.

> ¡Mira, el hogar de Dios está ahora entre su pueblo! Él vivirá con ellos, y ellos serán su pueblo. Dios mismo estará con ellos. Enjugará toda lágrima de sus ojos, y no habrá más muerte, ni tristeza, ni llanto, ni dolor. Todas estas cosas se han ido para siempre. [12]

Esta es tu motivación para la recuperación espiritual, porque Aquel que te creó también te ha redimido, invitándote a una nueva vida con él.

¿Puedo orar por ti? *Dios nuestro Creador, Tú eres el Dios Todopoderoso, pero nos permites llamarte "Padre". Gracias por la promesa que hiciste con Abram, que se cumplió en Jesús, nuestro Sacrificio Expiatorio. Oro por este lector, para que él o ella entienda estos breves capítulos y el significado del mensaje. Que acepte tu regalo de salvación, que nos ha sido dado gratuitamente, pero que le costó todo a Jesús. Que sea sanado, que su espíritu sea restaurado y que encuentre una vida plena y alegre como uno de los seguidores de Jesús. Que su fe se extienda a sus familiares y amigos para que a través de su testimonio, el Evangelio sea escuchado. Por favor, bendícelos con la presencia de tu Espíritu Santo. ¡En el nombre de Jesús, amén!*

> Jesús dijo: "Les digo la verdad, aquellos que escuchan mi mensaje y creen en Dios que me envió tienen vida eterna. Nunca serán condenados por sus pecados, sino que ya han pasado de la muerte a la vida".[13]

---

[11] Romanos 10:9-10
[12] Apocalipsis 21:3-4
[13] Juan 5:24

Indicaciones de diario y preguntas grupales

1. En tu diario, dile a Dios si crees que Jesús es tu Salvador. ¿Quieres que lo sea? Si es así, confiesa tus pecados en tu diario. No es necesario que escribas todos los detalles, Dios ya lo sabe.
2. Dile a Dios que quieres arrepentirte, lo que significa volverte y vivir de la manera opuesta a la que has estado viviendo. Crea un plan para cambiar tu estilo de vida a uno que refleje el Espíritu Santo de Dios que vive dentro de ti y honre a Jesús por su sacrificio. Es posible que debas volver a leerlo en el futuro para motivarte.
3. ¿Conoces a un pastor o mentor cristiano con el que puedas hablar? Si no, ora y busca uno. Cuéntales lo que has escrito en tu diario (puedes resumir).
4. ¡Haz del bautismo una prioridad! Sugiero una inmersión total porque representa el entierro de tu antigua vida y el ascenso a una nueva vida en Cristo. ¡Invita a tu familia y amigos a celebrar contigo!
5. ¿Quién en tu pasado o presente no conoce a Jesús como su Salvador? ¿Cómo podría haber influido su falta de fe en la forma en que te trataron? Planea compartir las Buenas Nuevas con ellos algún día. Piensa si asistirían a tu bautismo.
6. Comparte en tu grupo pequeño la historia de cada persona de cuando aceptó a Jesús como su Salvador.

Capítulo 16
El Nuevo Pacto

Muchos están familiarizados con la Cena del Señor o la Sagrada Comunión, y algunos han oído hablar de la cena de la Pascua judía. En la época de Jesús, prepararse para la Pascua requería mucho cuidado. Envió a Pedro y a Juan por adelantado para preparar una habitación para la comida sagrada que compartiría con sus discípulos.[1]

Imagínese entrar en el aposento alto esa noche. Los discípulos anticiparon la celebración de la tradicional cena de Pascua, sin saber que Jesús estaba a punto de transformarla y convertirla en algo nuevo. ¡Fue una experiencia que nunca olvidarían! Los estaba preparando para el cumplimiento del Antiguo Pacto y el comienzo de un Nuevo Pacto.

> Y habiendo tomado un poco de pan y dado gracias, lo partió y se lo dio, diciendo: "Esto es mi cuerpo que es entregado por vosotros; haced esto en memoria de mí".[2]

Cuando Jesús tomó el pan y lo partió, llamándolo su cuerpo, los discípulos probablemente intercambiaron miradas inciertas. Esto no era parte de la comida tradicional de Pascua. ¿Qué estaba diciendo? ¿Qué quiso decir? Durante generaciones, su pueblo había sacrificado corderos en memoria de la liberación de Dios de Egipto, marcando los postes de sus puertas con sangre para que su juicio pasara sobre ellos. Pero ahora, Jesús les estaba diciendo que él era el sacrificio.

Su muerte cumpliría tanto el Día de la Expiación como la Pascua. En el Día de la Expiación, el sumo sacerdote ofrecía el sacrificio expiatorio por los pecados del pueblo. Durante la Pascua, las familias sacrificaban un cordero para su propia protección y liberación. Jesús encarnó ambos, sirviendo como expiación por el pecado y como cubierta de sangre para aquellos que confían en él. Los discípulos no comprenderían completamente el peso de sus palabras hasta más tarde, pero en ese

---

[1] Lucas 22:7-13
[2] Lucas 22:19, NASU

momento, Jesús estaba revelando algo completamente nuevo: el comienzo de un pacto mayor. Con el tiempo, lo entenderían.

> Después de la cena, tomó otra copa de vino y dijo: "Esta copa es el nuevo pacto entre Dios y su pueblo, un pacto confirmado con mi sangre, que es derramada como sacrificio por ustedes". [3]

Los discípulos conocían su historia; todos los judíos devotos lo eran. Cuando Dios estableció su pacto con Moisés y el pueblo de Israel, Moisés tomó la sangre del sacrificio, la roció sobre el pueblo y declaró: "Esta sangre confirma el pacto que el Señor ha hecho con ustedes". Ahora, Jesús estaba proclamando el mismo mensaje. Debe haber sido confuso para ellos.

Después de la comida, Jesús los llevó al Huerto de Getsemaní. La gravedad de lo que le esperaba pesaba mucho sobre él. En estos momentos finales antes de su arresto, se retiró para orar, no solo por sí mismo, sino también por sus discípulos y todos los futuros creyentes, usando el mismo **lenguaje del pacto.**

> "Mi oración no es solo por ellos [los discípulos]. Oro también por aquellos que creerán en mí a través de su mensaje, para que todos sean uno, Padre, así como tú estás en mí y yo estoy en ti. Que ellos también estén en nosotros para que el mundo crea que tú me has enviado. Les he dado la gloria que me diste, para que sean uno como nosotros somos uno: yo en ellos y tú en mí".[4]
>
> sentido.[5]

Indicaciones de diario y preguntas grupales

1. En tu grupo pequeño, comulguen juntos. Mientras lo haces, reflexiona sobre la bondad de Dios. ¿Sientes un sentido más profundo de compromiso al estar en pacto con él?

---

[3] Lucas 22:20, énfasis mío
[4] Juan 17:21-23, NVI
[5] Gálatas 2:20-21, énfasis mío

2. Analiza: ¿Cómo cambia tu perspectiva al entender la comunión como una comida de pacto? ¿Podrías volver a verla como un mero ritual cristiano?

3. Vuelve a leer Juan 17:21-23 e identifica el lenguaje de los pactos en la oración de Jesús por los creyentes. Escríbete una nota en tu diario para que puedas volver a ella con frecuencia para recordarla. Es posible que desees marcar la página como favorita.

4. Reflexión de oración: Dedica unos momentos de tranquilidad a pedirle a Dios que profundice tu conciencia de su presencia durante la comunión. ¿Qué trae él a tu corazón?

5. Si lo deseas, escribe una breve nota a Dios sobre lo que significa la comunión para ti ahora. Si alguna vez comienza a sentirse rutinaria, puedes volver a lo que escribiste como recordatorio.

Capítulo 17
Unidad

"Que estén en nosotros". "Que sean uno como Nosotros somos uno". Esta fue la oración de Jesús por los creyentes. Pero, ¿qué significa para nosotros estar en Dios Padre, Hijo y Espíritu Santo? ¿Y cómo se ve que los creyentes vivan en unidad? La respuesta: Dios nos lo reveló en la Santísima Trinidad.

Cuando Juan el Bautista bautizó a Jesús, sucedió algo extraordinario para que todos lo presenciaran. Cuando Jesús emergió del agua, el Espíritu Santo descendió sobre él como una paloma, y la voz de Dios Padre declaró: "Este es mi Hijo muy amado, quien me da gran gozo".[1]

En ese momento especial, se reveló la Santísima Trinidad. La Biblia presenta a Dios como uno y tres: Padre, Hijo y Espíritu Santo, perfectamente unidos, igualmente eternos, omnipresentes, omniscientes y omnipotentes. ¿Podemos comprender plenamente la Santísima Trinidad? No, pero Dios quiere que entendamos lo que es vivir en la unidad y armonía del pacto.

La Santísima Trinidad opera en un orden relacional cohesivo, perfectamente unido en propósito y acción. Dios Padre es el origen y la fuente del plan divino. Jesús nos aclara:

> No todos los que me llaman: "¡Señor! ¡Señor!", entrarán en el reino del cielo. Solo entrarán aquellos que verdaderamente hacen la voluntad de mi Padre que está en el cielo.[2]
>
> Porque la voluntad de mi Padre es que todos los que ven a su Hijo y creen en él tengan vida eterna. Yo [Jesús] los resucitaré en el último día. [3]

---

[1] Mateo 3:17
[2] Mateo 7:21
[3] Juan 6:40

> Yo les enviaré al Abogado Defensor, el Espíritu de verdad. Él vendrá de parte del Padre y dará testimonio acerca de mí.[4]

Jesús, el Hijo de Dios, es el Salvador de la humanidad. Al venir del cielo a la tierra, Jesús era completamente divino y completamente humano, con la misión de salvar a la humanidad, reconciliando completamente (es decir, pagando el precio por) los pecados de la humanidad y reconectándonos con Dios. Podemos ver su papel como intermediario entre el Dios santo y la humanidad impía. Este salmo ilustra la santidad requerida para entrar en la presencia de Dios, algo que ningún ser humano ha logrado:

> ¿Quién puede subir al monte del Señor?
>
> Solo el de manos limpias y corazón puro.
>
> Solo aquellos cuyas manos y corazones son puros.[5]

Nunca podríamos esperar entrar en la presencia de Dios sin la expiación de Jesús. Dios nos atribuye la justicia de Jesús, un término legal que significa que Dios, como Juez, nos concede esta justicia para permitirnos pasar la eternidad con él algún día.

El autor de Hebreos ilustra la Santísima Trinidad trabajando al unísono. Tenemos la promesa de Dios, el sacrificio de Jesús y la mediación del Nuevo Pacto, y una herencia futura de vida eterna, todo a través del poder del Espíritu Santo en la Tierra.

> Pues por el poder del Espíritu eterno, Cristo se ofreció a Dios como sacrificio perfecto por nuestros pecados. Por eso él es el mediador de un nuevo pacto entre Dios y las personas, para que todos los que son llamados puedan recibir la herencia eterna que Dios les ha prometido.[6]

---

[4] Juan 15:26
[5] Salmos 24:3-4
[6] Hebreos 9:14-15

> El Espíritu Santo es la presencia activa y empoderadora de Dios en la creación y en el mundo. Por el poder del Espíritu Santo, una virgen llamada María concibió y dio a luz a Jesús. Un ángel le explicó: "El Espíritu Santo vendrá sobre ti, y el poder del Altísimo te cubrirá con su sombra. Por lo tanto, el niño que nacerá será santo y será llamado Hijo de Dios... Pues nada es imposible para Dios". [7]

A lo largo de la vida de Jesús, el Espíritu obró en y a través de él, fortaleciendo su ministerio. Jesús comenzó su ministerio anunciando:

> El Espíritu del Señor está sobre mí, porque me ha ungido para llevar buenas noticias a los pobres. Me ha enviado a proclamar que los cautivos serán liberados, que los ciegos verán, que los oprimidos serán puestos en libertad y que ha llegado el tiempo del favor del Señor.[8]

Nuestra salvación proviene de la obra del Espíritu, que nos convence de pecado y nos lleva a una relación con el Padre a través del Hijo. Él continúa la misión de Jesús guiando, enseñando, consolando, disciplinando e inspirando a sus seguidores. Él conoce nuestros corazones e intercede por nosotros cuando nos faltan las palabras para orar, alineando nuestras oraciones con la voluntad de Dios.

Estamos unidos con la Santísima Trinidad cuando tenemos el Espíritu Santo dentro de nosotros. A través del Espíritu Santo que habita en nosotros, participamos activamente en la voluntad de Dios para toda la humanidad. Damos a conocer el nombre y la misión de Jesús, compartiendo su amor con los demás dondequiera que vayamos. La voluntad de Dios para la humanidad se centra en el amor y la redención. su historia refleja la redención del pecado, el daño moral y, para algunos, la adicción. Tu "nueva vida" implica colaborar con otros creyentes en un marco relacional cohesivo (es decir, cada uno de nosotros tiene un papel) para continuar la misión y el mensaje de Jesús hasta que él nos llame a casa. ¡Esto significa que tu vida tiene un propósito divino!

---

[7] Lucas 1:35, 37

[8] Lucas 4:18-19, Isaías 61:1-2

Indicaciones de diario y preguntas grupales

Después de repasar las Escrituras a continuación, responde la siguiente pregunta: ¿Cuál es mi papel en la misión y el mensaje de Jesús? Luego, discute el capítulo y los versículos de la Biblia con tu grupo.

Romanos 12:4-8

Así como nuestros cuerpos tienen muchas partes y cada parte tiene una función especial, así es con el cuerpo de Cristo. Somos muchas partes de un cuerpo, y todos nos pertenecemos unos a otros. En su gracia, Dios nos ha dado diferentes dones para hacer ciertas cosas bien. Entonces, si Dios te ha dado la capacidad de profetizar, habla con tanta fe como Dios te haya dado. Si tu don es servir a los demás, sírvelos bien. Si eres maestro, enseña bien. Si tu don es animar a otros, sé alentador. Si es dar, da generosamente. Si Dios te ha dado la capacidad de liderazgo, toma la responsabilidad en serio. Y si tienes el don de mostrar bondad a los demás, hazlo con gusto.

1 Corintios 12:4-6

Hay diferentes tipos de dones espirituales, pero el mismo Espíritu es la fuente de todos ellos. Hay diferentes tipos de servicio, pero servimos al mismo Señor. Dios obra de diferentes maneras, pero es el mismo Dios quien hace la obra en todos nosotros.

1 Pedro 4:10-11

Dios les ha dado a cada uno de ustedes un don de su gran variedad de dones espirituales. Úsenlos bien para servirse unos a otros. ¿Tienes el don de hablar? Entonces habla como si Dios mismo estuviera hablando por medio de ti. ¿Tienes el don de ayudar a los demás? Hazlo con toda la fuerza y energía que Dios provee. Entonces todo lo que hagas traerá gloria a Dios por medio de Jesucristo.

La sección central de este libro es la segunda parte: El carácter de Dios, pero no hay un solo capítulo dedicado a su naturaleza. Una de mis citas favoritas de todos los tiempos es: "Lo que nos viene a la mente cuando pensamos en Dios es lo más importante de nosotros". Proviene de uno de mis libros favoritos, *El conocimiento de lo santo,* de A. W. Tozer (ver Bibliografía). Al reflexionar sobre los capítulos de esta sección que se enumeran a continuación, ¿qué te viene a la mente acerca de Dios? Escríbelo en tu diario. ¿Qué te gustaría recordar? Organiza un concurso en tu grupo para ver quién puede encontrar la mayor cantidad de atributos de Dios. Incluye a Jesús, porque él dijo: "El Padre y yo somos uno" y "El que me ha visto a mí, ha visto al Padre". El apóstol Pablo escribió: "Cristo es la imagen visible del Dios invisible".

Una nueva vida
La naturaleza pecaminosa de la humanidad
La promesa de Dios para la humanidad
Jesús, nuestro representante del pacto
La nueva unidad del pacto

Capítulo 18
Una vida que da fruto

Tercera parte: Tu nueva historia y propósito

En el último capítulo, concluimos enfatizando la importancia de vivir cooperativamente y armoniosamente con la Santísima Trinidad y nuestros hermanos y hermanas cristianos. Nuestro objetivo es difundir el Evangelio de manera efectiva. Pero, ¿crees que realmente hacemos esto? Una evaluación sincera revela que a menudo nos **distraemos** con asuntos mundanos. Jesús enfatizó que necesitamos estar unidos con él para lograr algo para el reino de Dios. Jesús utiliza la analogía de una vid para representar cómo se ve la unidad del pacto.

> Permanezcan en mí, y yo permaneceré en ustedes. Pues una rama no puede producir fruto si se separa de la vid, y ustedes tampoco pueden ser fructíferos si no permanecen en mí. Ciertamente, yo soy la vid; ustedes son las ramas. Los que permanecen en mí, y yo en ellos, producirán mucho fruto. Pues separados de mí no pueden hacer nada.[1]

Sin una mentalidad cooperativa con Jesús y otros cristianos, somos improductivos. Lo que Jesús quiere decir con "dar fruto" es triple: Primero, significa una vida transformada con una nueva identidad, donde nuestro carácter se alinea con el suyo. En segundo lugar, impactamos a los demás al compartir el Evangelio, servir y darnos con amor. En tercer lugar, dejamos un legado de fe para las generaciones futuras, especialmente cuando discipulamos a nuestros hijos. No podemos lograr ninguno de estos propósitos de manera efectiva a menos que estemos completamente comprometidos con el Espíritu Santo a través de la obediencia, la oración y el estudio de la Biblia. Cuando lo hacemos, el Espíritu Santo cultiva su «fruto» dentro de nosotros, que luego se refleja en nuestro carácter.

---

[1] Juan 15:4-5

> Pero el Espíritu Santo produce este tipo de fruto en nuestra vida: amor, alegría, paz, paciencia, gentileza, bondad, fidelidad, humildad y control propio. [2]

Las distracciones del mundo

Recuerda, el comportamiento refleja nuestra perspectiva interna. Esta guía combina herramientas clínicas con la verdad bíblica para ayudarnos a superar los pensamientos y emociones negativos, que distorsionan nuestras percepciones. Sin embargo, estamos constantemente involucrados en una batalla: nuestra naturaleza pecaminosa y las tentaciones del mundo libran una guerra contra nuestra sanidad y renovación. En el libro de Eclesiastés, el rey Salomón, a quien algunos consideran el hombre más sabio y rico que jamás haya vivido, reflexiona sobre el vacío de perseguir todo lo que el mundo tiene para ofrecer. Aquí hay un extracto:

> No me negué ningún placer. Incluso encontré gran placer en el trabajo duro, una recompensa por todas mis labores. Pero cuando consideré todo lo que había trabajado tanto para lograr, me di cuenta de que nada tenía sentido. Era como perseguir el viento; no había absolutamente nada que valiera la pena.[3]

Jesús contó una parábola de un agricultor que sembraba semillas. Las semillas representaban la palabra de Dios. En una sección, explica:

> La semilla que cayó entre los espinos representa a aquellos que escuchan la palabra de Dios, pero muy pronto, el mensaje queda desplazado por las preocupaciones de esta vida, el engaño de las riquezas y el deseo de todo tipo de cosas, de modo que no se produce fruto.[4]

Cuando aplicamos el conocimiento práctico de este libro y diario desde una perspectiva renovada, nuestras vidas comienzan a cambiar. A medida

---

[2] Gálatas 5:22-23
[3] Eclesiastés 2:10-11
[4] Mateo 13:22

que se forman nuevas vías neuronales, nuestro comportamiento comienza a reflejar el de Jesús, nuestro Salvador. Comenzamos a ver el mundo de manera diferente, a través de una lente que reconoce su naturaleza temporal. Las cosas que una vez valoramos pierden su control sobre nosotros cuando nos damos cuenta de que solo lo que se hace para Dios tiene valor y recompensa eternos. El verdadero gozo proviene de usar los talentos que él nos ha dado para hacer avanzar su reino en la tierra y para presentar a otros a Jesús como su salvador. En esta nueva vida, experimentamos el fruto del Espíritu Santo creciendo dentro de nosotros.

No hay nada que temer al permanecer en una relación de pacto con Jesús. Jesús es humilde y gentil. A medida que estudiamos la Palabra de Dios y aprendemos del Espíritu Santo, descubrimos que la obediencia no es una carga sino una bendición. Nos transforma y nos permite bendecir a los demás. Cuando bendecimos a los demás, ¡reflejamos el corazón de nuestro Salvador!

> Vengan a mí todos los que están cansados y llevan cargas pesadas, y yo les daré descanso. Pónganse mi yugo. Déjenme enseñarles, porque soy humilde y tierno de corazón, y encontrarán descanso para el alma. Pues mi yugo es fácil de llevar, y la carga que les doy es liviana.[5]

A.W. Tozer identificó una de las mayores luchas entre los creyentes:

> Probablemente el problema más extendido y persistente que se encuentra entre los cristianos es el problema del progreso espiritual retrasado. ¿Por qué, después de años de profesión cristiana, tantas personas no se encuentran más avanzadas que cuando creyeron por primera vez?
>
> . . . No sería exacto atribuir el problema a una sola falta. Sin embargo, hay una que es tan universal que puede ser fácilmente la causa principal: no dedicar tiempo al cultivo del conocimiento de Dios. [6]

---

[5] Mateo 11:28

[6] Tozer, A. W. La raíz de los justos, (Chicago, IL: Moody Publishers, 2015), p. 13-14.

Muchos cristianos no han crecido espiritualmente porque no han reservado tiempo para cultivar una relación con Dios. No permanecen conectados con Jesús porque priorizan otras cosas por encima de él. Sin embargo, Pablo nos recuerda:

> Así es, todo lo demás no vale nada cuando se compara con el infinito valor de conocer a Cristo Jesús, mi Señor.[7]

Cómo profundizar tu relación con Dios

Al igual que una relación con un amigo, profundizar tu relación con Dios requiere tiempo e intencionalidad. Aquí hay algunas maneras de permanecer en él:

- Lee la Biblia, enfocándote en cómo cada historia revela el carácter de Dios. (Personalmente, disfruto de mi Biblia de estudio NLT por su legibilidad y sólidas notas de estudio evangélicas. Ver Bibliografía).
- Escribe en un diario tus pensamientos y reflexiones mientras lees, pidiéndole al Espíritu Santo que profundice tu comprensión del carácter de Dios.
- Ora y escucha. El Espíritu Santo te proporcionará ideas para guiarte. Regístralos para que meses y años después, puedas reflexionar sobre tu viaje espiritual.
- Únete a una iglesia que enseñe la Biblia.
- Únete a un grupo pequeño que estudie la Biblia y fomente el compañerismo.
- Toma en serio tu relación de pacto con la Santísima Trinidad.

[7] Filipenses 3:8

Indicaciones de diario y preguntas grupales

1. Pregúntate: "¿Realmente estoy viviendo en cooperación con Jesús y otros creyentes?"
2. Jesús advirtió que las preocupaciones y la búsqueda de riquezas pueden ahogar la palabra de Dios en nuestros corazones. ¿Cuáles son los ejemplos de que esto sucede en tu vida? ¿Qué te preocupa y qué estás buscando que inhiba el crecimiento espiritual?
3. Explora estas preguntas:
    - ¿Cómo equilibramos nuestras responsabilidades en el mundo mientras mantenemos a Cristo en el centro?
    - ¿Estoy experimentando el fruto del Espíritu Santo? ¿Dónde lucho por dar fruto?
    - ¿De qué manera permanezco conectado con Jesús diariamente?
    - ¿Cómo reconozco cuando me estoy alejando de él?
    - ¿Qué pasos puedo tomar para fortalecer mi relación con Cristo?
    - ¿Cuál es mi enfoque actual para la lectura de la Biblia, la oración y el diario?
    - ¿Experimento descanso cuando vengo a Jesús, o se siente más como una tarea o un deber?

Capítulo 19
Perdón y misericordia

Tengo un pasaje favorito de las Escrituras sobre el perdón que he compartido en grupos de recuperación, iglesias, grupos de hombres, casas de transición e incluso en África. Cada vez, el Espíritu Santo ha impulsado a alguien a perdonar a otra persona, dejar de lado un rencor de larga data o, en algunos casos, perdonarse a sí mismo.

Aquí hay un breve trasfondo para el versículo. Jesús ha sido crucificado y puesto en una tumba. Muy temprano el domingo por la mañana, María Magdalena y otras mujeres van a la tumba para ungir el cuerpo de Jesús, pero la piedra había sido removida. ¡Un ángel les dice que Jesús ha resucitado de entre los muertos! Informan a los discípulos, y Pedro y Juan también van a la tumba para descubrir que Jesús no está allí. Esa noche, los discípulos están reunidos en una habitación cerrada.

> Al atardecer de aquel día, el primero de la semana, y estando cerradas las puertas donde se encontraban los discípulos por miedo a los judíos, Jesús se acercó, se puso en medio de ellos y les dijo: "La paz sea con vosotros". Y habiendo dicho esto, les mostró las manos y el costado. Los discípulos se regocijaron al ver al Señor.
>
> Entonces Jesús les dijo de nuevo: "La paz sea con vosotros; como el Padre me envió, yo también os envío". Y habiendo dicho esto, sopló sobre ellos y les dijo: "Recibid el Espíritu Santo. Si perdonáis los pecados de algunos, sus pecados les han sido perdonados; si retenéis los pecados de alguno, les han sido retenidos". [1]

Después de dar a sus discípulos el Espíritu Santo, Jesús dijo: "A quienes perdonéis los pecados, les son perdonados". Tendemos a leer esto demasiado rápido. El griego enfatiza el tiempo pasado, que literalmente significa "sus pecados han sido perdonados previamente". ¡Ya sucedió! "Él

[1] Juan 20:19-23, NASU

es el sacrificio expiatorio por nuestros pecados, y no solo por los nuestros, sino también por los pecados de todo el mundo".[2]

En la cruz, Jesús declaró: "¡Consumado es!"[3] Su expiación cubrió los pecados del pasado, presente y futuro. Esto es lo que hace que la siguiente declaración de Jesús sea tan impactante. "Si retienes los pecados de alguno, les han sido retenidos". La palabra griega para "retener" significa aferrarse con fuerza. Es la misma palabra que se usó cuando los soldados capturaron a Jesús en el Huerto de Getsemaní. ¡No iban a soltarlo!

Aquí hay una ilustración: imagina que alguien te arroja una piedra con ira. ¡Duele! Lo recoges y lo llevas contigo a todas partes. Nadie puede quitártelo; te agarras fuerte. Con el tiempo, desarrollas el hábito de aferrarte a cada herida, traición y ofensa. Es como llevar una mochila llena de piedras. Ya sea que te des cuenta o no, ese peso te agota emocionalmente y socava tu capacidad para lidiar con el estrés. Tiendes a reproducir eventos dolorosos en tu mente, un proceso conocido como rumiación.

El perdón contrasta con la rumiación. El término griego para perdonar se traduce como "despedir" o "dejar ir". Si bien solo Jesús tiene la autoridad para perdonar pecados, nos da permiso divino para "entregar" a aquellos que nos han lastimado. Sin embargo, si decidimos aferrarnos a las heridas emocionales, podemos llevarlas todo el tiempo que queramos, pero ¿por qué llevar lo que él llevó en la cruz? "El Señor cargó sobre él los pecados de todos nosotros".[4]

Me invitaron a hablar en una pequeña iglesia. Antes del servicio, repartí rocas de río a la congregación y compartí este mensaje sobre el perdón. Después, una anciana se me acercó, sosteniendo su roca extendida. Su hija estaba con ella y le explicó que su familia había estado dividida durante décadas y que su madre se había negado a hablar con ciertos parientes. Esa mañana, el Espíritu Santo tocó su corazón. Planeaban comprar pasajes aéreos para visitar a sus familiares y buscar la reconciliación. La mujer agitó su piedra y dijo: "¡Me llevo esto conmigo!"

---

[2] 1 Juan 2:2, NVI
[3] Juan 19:28-30
[4] Isaías 53:6

Otra historia corta: hablé sobre el perdón en un refugio para mujeres. Al final, una mujer se puso de pie con lágrimas corriendo por su rostro y relató las atrocidades cometidas contra ella. Luego, dijo, enumerando a los que la habían lastimado, "los entrego a Jesús y los perdono". ¡Ojalá pudieras haberlo visto! Todo su semblante irradiaba ante nuestros ojos como un hermoso amanecer. Ella era libre y, por la misericordia del Espíritu Santo, otras mujeres comenzaron a compartir sus historias y a perdonar a sus abusadores. La atmósfera en la habitación cambió; una vez eclipsada por el dolor, surgió la adoración.

Tal vez hayas sentido lo mismo: una traición, una mentira, una aventura, un abuso, una relación arruinada. El peso de la falta de perdón nos afecta física, emocional y espiritualmente. A veces, ni siquiera nos perdonamos a nosotros mismos. A pesar de que Jesús fue a la cruz por los pecados de toda la humanidad, él nos permite cargar con la falta de perdón hasta que ya no podamos soportar el peso. Es una lección que debemos aprender para ser como él. Luego, cuando le entregamos nuestro dolor y amargura, él, a cambio, nos da la libertad de mostrar misericordia. ¡La misericordia era lo último que queríamos extender a la otra persona! Sin embargo, después de mostrar misericordia, comenzamos a experimentar el fruto del Espíritu Santo.[5]

Misericordia

Perdonamos en respuesta a la misericordia que hemos recibido de Dios. **Nunca retengas el perdón mientras esperas que la persona que te lastimó se lo "gane".** Pablo, en su carta a la iglesia en Éfeso, recordó a los creyentes que, como el resto de la humanidad, estábamos muertos en nuestros pecados, pero Dios, que es rico en misericordia, nos perdonó y nos salvó a través de Jesús. La salvación, enfatiza, no es porque hayamos hecho algo bueno; es un regalo. Ofrecemos el perdón como un regalo inmerecido, no para quedar bien ante los demás, sino porque Dios nos ha mostrado misericordia. A través de nuestra relación de pacto con la Santísima Trinidad, en "unidad" de carácter, el Espíritu Santo nos concede la fuerza para perdonar. Los liberamos. Los entregamos a Dios y somos

[5] Gálatas 5:22-23

libres de juzgarlos. "Dios bendice a los que son misericordiosos, porque a ellos se les mostrará misericordia", dijo Jesús.[6]

Indicaciones para escribir en un diario y preguntas grupales

1. La falta de perdón es un pecado. En tu grupo pequeño, confiesa cualquier falta de perdón. Muchas veces, he visto a personas que pensaban que habían perdonado a alguien derrumbarse y llorar porque se dieron cuenta de que todavía tenían amargura. Confesarse unos a otros es una forma de purgar el dolor. Lo hace oficial, y tienen el apoyo mutuo para orar el uno por el otro. "Confesaos vuestros pecados unos a otros y orad unos por otros para que seáis sanados. La oración ferviente de una persona justa tiene gran poder y produce resultados maravillosos".[7] Luego, pasa algún tiempo en adoración.
2. Comienza a desarrollar un plan para perdonar a quienes te han lastimado. Hacemos esto por nuestra propia libertad y la de ellos, pero lo más importante, por honor y respeto a Jesús. No podemos afirmar que el pecado de nadie es imperdonable. Pablo escribió: "Queridos amigos, nunca se venguen. Deja eso a la justa ira de Dios... No dejes que el mal te conquiste, sino conquista el mal haciendo el bien".[8] Él sabe qué hacer porque solo él entiende el corazón humano.
3. Escribe una nota a Dios en tu diario, perdonando a la otra persona. Además de compartir En tu grupo pequeño, esto establece un día y una hora específicos en los que los perdona "oficialmente". Cuando los recuerdos y las dudas resurgen, puedes volver a visitar tu diario y recordar que lo has documentado.

---

[6] Mateo 5:7
[7] Santiago 5:16
[8] Romanos 12:19-21

Capítulo 20
Las cuatro etapas del perdón

A estas me refiero como las Cuatro Etapas del Perdón. Para recapitular, comenzamos con Expiación.

Primera etapa: Expiación

Como repaso rápido, la expiación es personal, relacional y espiritual entre tú y Dios. Representa un renacimiento, el nuevo tú. Es tu salvación de este mundo malvado y una herencia en la Eternidad. La Tierra ya no es tu hogar; es residencia temporal. Has elegido seguir el camino de Dios y te has convertido en su hijo.

> Porque todos vosotros sois hijos de Dios por la fe en Cristo Jesús. Y todos los que se han unido a Cristo en el bautismo se han vestido del carácter de Cristo, como si se pusieran ropa nueva.[1]

> Él los mantendrá firmes hasta el final para que estén libres de toda culpa el día que nuestro Señor Jesucristo vuelva. Dios lo hará, porque él es fiel a hacer lo que dice, y los ha invitado a que tengan comunión con su Hijo, Jesucristo nuestro Señor.[2]

Segunda etapa: perdonar

El perdón es una elección, una acción y un regalo que promueve la paz de Dios. Primero, te libera de la amargura y la rumiación. Al confiar a otros a Jesús, te liberas de la carga de actuar como el Juez Justo, un papel imposible para los humanos. Esto te trae paz y descanso.

En segundo lugar, el perdón actúa como una ofrenda de paz entre tú y los demás. Rompe barreras. La otra persona puede aceptar o rechazar

---

[1] Gálatas 3:26-27
[2] 1 Corintios 1:8-9

esta oferta de perdón. De todos modos, has eliminado un obstáculo para la obra del Espíritu Santo en sus vidas. Así como el perdón te brinda alivio, también podría ofrecerles alivio a ellos. Sin embargo, también podría convertirse en un dolor persistente en el alma que el Espíritu Santo usa para guiarlos a un momento uno a uno con Jesús para la expiación.

Ofreces perdón no porque seas una mejor persona, sino porque Jesús dio su vida para pagar el castigo por los pecados de todos. ¿Cómo podrías hacer menos? Esta es tu oportunidad de compartir lo que Jesús ha hecho por ti. Es un momento para que le des gloria y honor a Jesús por perdonarnos a todos.

Tercera etapa: Enmiendas

Por lo general, podríamos considerar las enmiendas como compensar a alguien por una mala acción. Por ejemplo, si rompiste la guitarra de tu hermano en un ataque de ira, hacer las paces implicaría comprarle una guitarra nueva o darle dinero por una, incluso si ya la ha reemplazado. Otro caso es pagarles a tus padres por el dinero que les has quitado. Simplemente diciendo: "Lo siento. ¿Me perdonarás?" y saldar su deuda puede allanar el camino para la reconciliación, que es la cuarta etapa. Por lo menos, brinda la oportunidad de compartir cómo Jesús ha transformado tu vida. Sin embargo, si perdonar a alguien implica volver a una situación dañina, es importante discutirlo con un consejero o pastor de confianza. Podría ser más seguro escribir una nota y enviar un cheque en su lugar. Solo usa el buen juicio.

Si fuiste abusado sexualmente cuando eras niño, experimentaste otras formas de abuso o fuiste víctima de un delito, no necesitas hacer las paces. Sin embargo, debes perdonar por tu curación espiritual, emocional y física. Pero no tienes una deuda con el abusador. Conozco a varias personas que creyeron que hicieron algo para merecer el abuso que sufrieron, y se han envenenado con drogas, alcohol, sexo y peleas, marcando sus cuerpos con tatuajes satánicos. Se castigaban a sí mismos por el mal que les hacía otro. El perdón, entregar a la otra persona a Jesús, es parte del proceso de duelo y curación. Recuerda, solo Dios puede sanar heridas tan profundas. Una vez más, deja que un pastor o consejero cristiano te guíe y permite que tu pequeño grupo te ame por lo que eres.

Cuarta etapa: Reconciliación

La reconciliación es la culminación de la expiación, el perdón y las enmiendas. Implica el perdón mutuo, y cada lado se despoja de la "mochila llena de heridas" que han cargado. Su objetivo es reparar una relación rota causada por ofensas mutuas. Este proceso puede ocurrir entre amigos, enemigos, parientes, cónyuges, hermanos, compañeros de trabajo y más. Si bien puede resultar en un fuerte vínculo de amistad, eso no está garantizado. La atención se centra en esforzarse por vivir en paz con todos. Eres el embajador de Cristo. Jesús tenía enemigos, pero no tenía animosidad hacia nadie.

> Desháganse de toda amargura, rabia e ira, peleas y calumnias, junto con toda forma de malicia. Sean amables y compasivos unos con otros, perdonándose unos a otros, así como Dios los perdonó a ustedes en Cristo. [3]

> No paguen a nadie mal por mal. Procuren hacer lo correcto a los ojos de todos. Si es posible, y en cuanto dependa de ustedes, vivan en paz con todos. [4]

A menudo, somos nosotros los que hemos cambiado en la relación. Ahora tenemos una nueva vida en Cristo. Nuestros argumentos anteriores se basaban en una perspectiva humana. Ahora, vemos a las personas a través de los ojos de Jesús. Una de las mejores maneras de iniciar una conversación sobre la reconciliación es decir: "Soy una persona nueva. He entregado mi vida a Jesús. Él me ha salvado de mi naturaleza pecaminosa. Todavía estoy creciendo como cristiano, pero quiero comenzar diciendo que lo siento por (completa el espacio en blanco)". Luego, espera. Es posible que hayas tomado a la otra persona por sorpresa.

Tu decisión es honrar a Jesús y hacer lo correcto. Has recibido el maravilloso regalo del perdón de Dios y lo has compartido con otra

---

[3] Efesios 4:31-32, NVI
[4] Romanos 12:17-18, NVI

persona. Ahora, puedes irte en libertad para extender misericordia y orar por esa persona.

La reconciliación también puede significar traer a alguien de regreso a Cristo. Dado que hemos recibido una nueva vida en Cristo, estamos llamados a ayudar a aquellos que se han desviado de Dios.

> Así que hemos dejado de evaluar a los demás desde un punto de vista humano. En un momento pensamos en Cristo simplemente desde un punto de vista humano. ¡Cuán diferente lo conocemos ahora! Esto significa que cualquiera que pertenezca a Cristo se ha convertido en una nueva persona. La vieja vida se ha ido; ¡una nueva vida ha comenzado!
>
> Y todo esto es un regalo de Dios, que nos trajo de vuelta a él a través de Cristo. Y Dios nos ha dado esta tarea de reconciliar a las personas con él. Porque Dios estaba en Cristo, reconciliando consigo al mundo, y ya no tomaba en cuenta los pecados de las personas. Y nos dio este maravilloso mensaje de reconciliación. Así que somos embajadores de Cristo; Dios está haciendo su llamado a través de nosotros. Hablamos por Cristo cuando suplicamos: "¡Vuelve a Dios!" Porque Dios hizo a Cristo, que nunca pecó, para que fuera la ofrenda por nuestros pecados, para que pudiéramos ser justificados ante Dios por medio de Cristo. Como colaboradores de Dios, les rogamos que no acepten este maravilloso regalo de la bondad de Dios y luego lo ignoren.[5]

Indicaciones de diario y preguntas grupales

1. Si planeas reunirte con la persona a la que estás perdonando o buscando perdón, escribe lo que pretendes decir en tu diario, luego compártelo con tu grupo pequeño para recibir sus comentarios. Es sabio ser una persona de pocas palabras. Lee el siguiente capítulo, Nuestra elección de palabras.

---

[5] 2 Corintios 5:16 – 6:1

Capítulo 21
Nuestra elección de palabras

El perdón, la reparación y la reconciliación son actos de misericordia. A lo largo de los años, he aprendido que nuestra elección de palabras es crucial. Practicar en voz alta o escribir tus palabras de antemano te permite orar sobre ellas y refinar tu mensaje. Inevitablemente, lo que sale de nuestra boca suena diferente de lo que ensayamos en nuestras mentes.

Elige ser una persona de pocas palabras

Cuanto más hablamos, mayor es el riesgo de ofender a la misma persona a la que pretendemos perdonar o buscar perdón. No es necesario enumerar todo lo que sucedió. Un pastor dijo una vez: "Puede ser cierto, pero ¿es necesario decirlo? ¿Servirá de algo?" Enumerar los "pecados" de la otra persona puede convertirse en una competencia sobre quién tuvo más culpa, lo que lleva a más conflictos. Elige usar palabras amables y alentadoras siempre que sea posible.

> Tal vez mañana olvides las palabras amables que dices hoy, pero el destinatario puede apreciarlas durante toda la vida.[1]

Piensa en tus emociones como una cuenta bancaria, donde las palabras y las acciones actúan como depósitos y retiros. Una palabra amable hace un depósito. Un recuerdo preciado sirve como depósito. Una palabra de enojo cuenta como un retraimiento. Pensar constantemente en un evento infeliz agota nuestra cuenta bancaria emocional. ¿Alguna vez has escuchado a alguien decir: "No tengo nada más que dar"? Su cuenta bancaria emocional está agotada.

A veces, nos encontramos "en deuda" con los demás debido a las palabras que hemos hablado. Un buen ejemplo son los chismes, que pueden arruinar la reputación de alguien. Es posible que hayas compartido algo que alguien te dijo en confianza. Mirando hacia atrás, todavía recuerdo

---

[1] Dale Carnegie, La forma rápida y fácil de hablar de manera efectiva (Nueva Delhi: Diamond Pocket Books Pvt Ltd, 2017), 153.undefined

un momento en el que rompí la confianza de alguien, un error que me enseñó una valiosa lección. Un hombre me confió una condición médica y psicológica que afectaba a un miembro de su familia y que había impactado negativamente a todos. No quería que nadie lo supiera; esa fue su elección. Un día, una amiga en común estaba en nuestra casa y mencionó algo sobre la persona que sabía que era falso, así que la corregí. Sucedió tan rápido, sin pensarlo, pero al hacerlo, revelé lo que el hombre había compartido en confianza. Le llegó. Cuando me confrontó, me disculpé y traté de explicarle lo rápido que había surgido en su defensa, pero estaba equivocado. Había traicionado su confianza y le pedí perdón, pero no pudo concederlo.

Construye a otros

¡A principios de la década de 1980, tuve el placer de escuchar al gran entrenador de fútbol Lou Holtz hablar en vivo en dos ocasiones! Fue realmente un honor. Todo en el hombre era discreto, pero sus palabras permanecieron conmigo. Recitó un poema de memoria, aunque no sé si fue el autor. Las palabras resonaron tan profundamente en mí que decidí enmarcarlas en mi oficina.

Vi a un grupo de hombres en mi ciudad natal;
Vi a un grupo de hombres derribando un edificio.
Con un tirón, un ¡uh! y un poderoso grito,
balancearon una viga y la pared lateral cayó.
Y le dije al capataz: "¿Son hábiles estos hombres,
del tipo que contratarías si quisieras construir?"

Se rió y dijo: "¿Por qué no?"
El trabajo común es todo lo que necesito.
Porque puedo derribar en uno o dos días lo que un constructor
tarda diez años en hacer."

Y pensé para mí mismo mientras me alejaba:
¿Cuál de estos papeles voy a interpretar?
¿Soy del tipo que constantemente se derrumba mientras me abro
camino, tontamente?

> ¿O soy del tipo que está tratando de construir con cuidado, con la esperanza de que mi equipo se alegre de que haya estado allí?"[2]

Debajo del poema, tengo este versículo de la Biblia:

> No salga de vuestra boca ninguna palabra mala, sino solo la que sea buena para la necesaria edificación, a fin de dar gracia a los oyentes.[3]

Los versículos a continuación me han guiado a través de conversaciones desafiantes. Espero que también te ayuden.

- Proverbios 10:18 – Esconder el odio te hace mentiroso; calumniar a otros te hace tonto.
- Proverbios 11:2 – El orgullo lleva a la desgracia, pero con la humildad viene la sabiduría.
- Proverbios 11:12 – Es una tontería menospreciar al prójimo [cónyuge, amigo, etc.]; una persona sensata se queda callada.
- Proverbios 12:16 – El necio es irascible, pero el sabio mantiene la calma cuando se le insulta.
- Proverbios 12:18 – Algunas personas hacen comentarios cortantes, pero las palabras de los sabios traen sanidad.
- Proverbios 15:1 – Una respuesta amable desvía la ira, pero las palabras ásperas hacen que los ánimos se enciendan.
- Proverbios 16:24 – Las palabras amables son como la miel: dulces para el alma y saludables para el cuerpo.
- Proverbios 17:9 – El amor prospera cuando se perdona una falta, pero pensar en ella separa a los amigos cercanos.
- Proverbios 17:14 – Comenzar una pelea es como abrir una compuerta, así que detente antes de que estalle una disputa.

---

[2] Lou Holtz, discurso motivacional, principios de la década de 1980.
[3] Efesios 4:29, NVI

- Proverbios 17:27 – Una persona verdaderamente sabia usa pocas palabras; una persona con entendimiento es ecuánime.
- Proverbios 18:19 – Un amigo ofendido es más difícil de recuperar que una ciudad fortificada. Las discusiones separan a los amigos como una puerta cerrada con barrotes.
- Proverbios 20:3 – Evitar una pelea es una marca de honor; solo los tontos insisten en pelear.
- Proverbios 20:22 – No digas: "Me vengaré de este error". Espera a que el Señor se encargue del asunto.
- Proverbios 29:11 – Los necios desahogan su ira, pero los sabios la retienen en silencio.
- Mateo 7:1-2 – Jesús dijo: "No juzguéis a los hombres, y no seréis juzgados. Porque seréis tratados como tratáis a los demás. El estándar que usáis para juzgar es el estándar por el cual seréis juzgados".
- Lucas 6:45 – Una persona buena produce cosas buenas del tesoro de un corazón bueno, y una persona mala produce cosas malas del tesoro de un corazón malo. Lo que dice una persona fluye de lo que hay en su corazón.

Indicaciones de diario y preguntas grupales

1. Reflexiona sobre lo que has aprendido sobre el poder de las palabras. Toma notas en tu diario para volver a revisarlas cuando sea necesario.
2. ¿Ser una persona de pocas palabras será fácil o difícil para ti?
3. ¿Qué versículos te hablan?
4. ¿Está llena tu cuenta bancaria emocional o se está agotando?
5. ¿Qué señales podrían indicar que el banco emocional de otra persona se está agotando? ¿Qué podrías hacer en esa situación?

Capítulo 22
Pruebas, tentación y tribulación
(Pruebas)

¿Por qué Dios permitió que esto sucediera?

Mi nieto se unió a un equipo de natación. ¿Qué pasaría si sus padres nunca le hubieran dado clases de natación o le hubieran permitido quitarse los flotadores? En cambio, comenzaron haciéndolo nadar de un lado a otro entre ellos, aumentando gradualmente la distancia y los desafíos. Nunca consideraron un equipo de natación; su objetivo era simplemente proteger a su hijo de ahogamiento. De manera similar, Dios permite y diseña desafíos para fortalecer nuestro carácter y confianza porque él ve nuestro futuro: "porque Dios es quien produce en ustedes tanto el querer como el hacer para que se cumpla su buena voluntad". [1]

Aprender a nadar vs. ahogarse

> Jesús, en sus últimas palabras a sus discípulos, dijo: "... porque el Padre mismo los ama mucho, ya que ustedes me aman y creen que yo vine de Dios . . . Les he dicho todo lo anterior para que en mí tengan paz. Aquí en el mundo tendrán muchas pruebas y tristezas, pero anímense, porque yo he vencido al mundo".[2]

Dios, en su voluntad divina, nos permite la "experiencia humana" de las pruebas y tentaciones. Él también nos pone a prueba. Hay una distinción.

Tentación y pecado habitual – El significado bíblico de la tentación es causar una falla de carácter: siempre es destructiva y **nunca proviene de Dios**. La mayoría de las veces, la tentación surge de adentro en lugar de una influencia puramente demoníaca, como algunos pueden creer. Atribuir las luchas de uno únicamente a fuerzas demoníacas puede

---

[1] Filipenses 2:13, NVI
[2] Extracto de Juan 16:27-33

conducir a una sensación de impotencia, obstaculizando el proceso de transformación real. Por el contrario, aquellos que aceptan la responsabilidad personal de sus luchas son a menudo los que experimentan el cambio más duradero. No están derrotados; simplemente han soportado el tormento del pecado hasta que, por fin, se rinden a Dios, una rendición impulsada por la obra silenciosa y persistente del Espíritu Santo detrás de escena.

> Cuando es tentado, nadie debe decir: "Dios me está tentando". Porque Dios no puede ser tentado por el mal, ni tienta a nadie; pero cada uno es tentado cuando, por su propia concupiscencia, es arrastrado y seducido. Luego, después de que el deseo ha concebido, da a luz el pecado; y el pecado, cuando está completamente desarrollado, da a luz a la muerte.[3]

> Santiago, el hermano de Jesús, anima a sus lectores: "Sométanse a Dios. Resistan al diablo, y él huirá de ustedes. Acérquense a Dios, y Dios se acercará a ustedes". [4]

En hebreo y griego, los términos utilizados para **las pruebas de Dios** se refieren a refinar, demostrar que somos dignos y sacar lo mejor de nosotros. Estas pruebas no se tratan de aprobar o reprobar; se centran en el crecimiento, fortaleciendo nuestra sabiduría, fe y carácter.

> Moisés le dijo al pueblo de Israel: «No tengan miedo —les respondió Moisés—. Dios ha venido a ponerlos a prueba para que sientan temor de Dios y no pequen».[5]

> El rey Salomón escribió: "El temor del Señor es el principio del conocimiento; los necios desprecian la sabiduría y la instrucción".[6]

---

[3] Santiago 1:13-15, NASU
[4] Santiago 4:7-8
[5] Éxodo 20:20, NVI
[6] Proverbios 1:7, NASU

Un temor reverente de Dios es bueno para nosotros. Significa que lo respetamos. Nos motiva a dar lo mejor de nosotros, fortalece nuestro carácter y nos hace detenernos y pensar antes de actuar.

Cuando fallamos

Podemos fallar, pero Dios nunca lo hace. Él puede usar nuestros fracasos para bien. Echaremos un breve vistazo a una tentación que Pedro enfrentó y falló. Permíteme establecer la escena: Jesús y sus discípulos acaban de terminar una cena de Pascua "revisada". Jesús lo convirtió en la primera comida del Nuevo Pacto, que luego sería confirmada por su sangre derramada en la cruz. Fue una noche seria y confusa para los discípulos. Pronto, Jesús sería arrestado, pero primero les advierte. Mira alrededor de la habitación a los rostros de sus amigos más cercanos y se detiene en Pedro:

> "Simón, Simón, Satanás ha pedido zarandear a cada uno de ustedes como trigo. Pero he orado por ti, Simón, que tu fe no desfallezca. Así que, cuando te arrepientas y vuelvas a mí, fortalece a tus hermanos.[7]

Analicemos esto paso a paso:

Satanás pidió tentar al discípulo de Jesús para que lo abandonara, sabiendo que Jesús estaba a punto de ser arrestado. Dios, en su soberanía, lo permitió, pero dentro de ciertos límites.

En este pasaje de las Escrituras, el primer "tú" en griego es plural. Aunque Jesús estaba mirando a Pedro, Satanás trató de atacar a todos los discípulos. Zarandear el trigo sirve como metáfora para sacudir violentamente la fe de los discípulos, con la esperanza de que fracasen. Un Mesías crucificado no era lo que habían estado esperando. Querían un rey que los liberara de los romanos y estableciera su reino sobre toda la tierra. Habían sido testigos de los milagros, incluida la resurrección de los muertos. ¿Cómo podría su fe resistir a un Mesías que no pudo salvarse de

---

[7] Lucas 22:31-32

la tortura y de ser clavado en una cruz de madera? Satanás tenía un plan, pero el de Dios era más grande y mejor.

El segundo "tú" es singular. Jesús centró su atención en Pedro, el líder de facto del grupo, y dijo: "¡He orado específicamente por ti!" Jesús sabía que su Padre permitiría la tentación. Sabía que Pedro mentiría para salvarse de la persecución. Su oración era que (1) la fe de Pedro no fallara en última instancia, (2) se arrepintiera y regresara a él (es decir, después de la Resurrección), y (3) fortaleciera la fe de los otros discípulos para que nadie más que uno se perdiera.

La historia abreviada es la siguiente: Jesús fue arrestado y llevado a la casa del sumo sacerdote para un juicio ilegal. Los discípulos huyeron, excepto Juan y Pedro, que los siguieron a distancia antes de deslizarse hacia el patio para ver qué sucedía. Mientras estaba en el patio, a Pedro le preguntaron tres veces si era un seguidor de Jesús, y cada vez lo negó, jurando y maldiciendo.

¿Por qué permitiría Dios que la fe de todos los discípulos se sacudiera profundamente? Porque después de la Resurrección, creerían que nada es imposible para Dios, y necesitarían una fe extraordinaria para compartir la Buena Nueva con el mundo. En cuanto a Pedro, Dios conocía su futuro. Al principio del ministerio de Jesús, cuando preguntó a los discípulos: "¿Quién decís que soy yo?" y los demás dudaron, Pedro respondió con valentía:

> "Tú eres el Mesías, el Hijo del Dios viviente".[8]
>
> Jesús respondió: "Dios te ha bendecido, Simón hijo de Juan, porque mi Padre que está en el cielo te lo ha revelado. No lo aprendiste de ningún ser humano. Ahora te digo que tú eres Pedro (que significa 'roca'), y sobre esta roca edificaré mi iglesia, y todos los poderes del infierno no la conquistarán. Y te daré las llaves del reino del cielo".[9]

---

[8] Mateo 16:16

[9] Mateo 16:17-19

Jesús sabía algo que Pedro no sabía: Dios tenía un plan para Pedro y, en su soberanía, impondría límites a las pruebas y tentaciones de Pedro. Aunque Pedro vacilaría, su fe no se haría añicos. El plan más grande de Dios era que Pedro saliera más fuerte y se convirtiera en el líder sobre el cual se construiría la iglesia, ¡y todos los poderes del infierno no la conquistarían! Cuando Dios permite tu tentación, él tiene un plan para ti y establece límites. (Este versículo es de la Biblia Amplificada, que amplía los significados de palabras y frases del hebreo, griego y arameo para una mejor comprensión).

> Porque ninguna tentación (ninguna prueba considerada como inductora al pecado), [no importa cómo venga o a dónde conduzca] os ha alcanzado y se ha apoderado de vosotros que no sea común al hombre [es decir, ninguna tentación o prueba ha venido sobre vosotros que esté más allá de la resistencia humana y que no esté ajustada y adaptada y que pertenezca a la experiencia humana, y los que el hombre puede soportar]. Pero Dios es fiel [a su Palabra y a su naturaleza compasiva], y [se puede confiar] en que no permitirá que seáis tentados, probados y puestos a prueba más allá de vuestra capacidad y fuerza de resistencia y poder para soportar, sino que con la tentación él [siempre] también proveerá la salida (el medio de escape a un lugar de aterrizaje), para que seáis capaces, fuertes y poderosos para soportarla con paciencia.[10]

Pedro lloró amargamente después de negar a Jesús, una herida que corría profundamente dentro de su alma. Creía que Jesús era el Mesías, el Hijo de Dios, pero acababa de negarlo, no una, sino tres veces. Experimentó una herida moral, que se hizo aún más dolorosa cuando fue testigo de la crucifixión de Jesús, una imagen horrible grabada para siempre en su mente. Su mundo se había puesto patas arriba. Tres años de seguir a Jesús ahora parecían desperdiciados. Se suponía que Jesús era el Mesías conquistador que el pueblo judío había anhelado. Pedro se quedó con una inmensa angustia y desilusión, cargas que llevaría hasta después de la

---

[10] 1 Corintios 10:13, Biblia Amplificada (AMP). Consulte la bibliografía para obtener la cita completa.

resurrección, cuando Jesús lo restauró y confirmó el llamado que Pedro siempre debió cumplir.

Lee el libro de los Hechos y las cartas de Pedro. ¡Descubrirás a un pescador que se convirtió en predicador, sanador y fuente de aliento! En última instancia, era tan devoto de Jesús que estaba dispuesto a ser martirizado. A través de sus fracasos, cultivó un profundo amor por Jesús y un gran coraje. En sus últimos años, Pedro escribió esto para animar a los cristianos que enfrentan persecución:

> Así que alégrense de verdad. Hay una alegría maravillosa por delante, aunque tengan que soportar muchas pruebas por un tiempo. Estas pruebas demostrarán que su fe es genuina. Está siendo probada como el fuego prueba y purifica el oro, aunque su fe es mucho más preciosa que el oro mismo. Así que cuando su fe permanezca firme a través de muchas pruebas, traerá mucha alabanza, gloria y honra el día que Jesucristo sea revelado a todo el mundo.[11]

Dios tiene planes para ti

¡Dios comenzó una buena obra en ti, y él la llevará a cabo! Sin embargo, no es un "uno y listo". Es un viaje de por vida lleno de altibajos, arrepentimiento y perdón, disciplina y aventuras en el camino. Estudiar su Palabra requiere compromiso; vivir a su manera requiere coraje. Lo que le dijo a Josué en el Antiguo Testamento se aplica a nosotros hoy, pero tenemos la ventaja de tener toda la Biblia.

> Estudia constantemente este libro de instrucción. Medita en él día y noche para asegurarte de obedecer todo lo que en él está escrito. Solo entonces prosperarás y te irá bien en todo lo que hagas. Este es mi mandamiento: ¡sé fuerte y valiente! No tengas miedo ni te desanimes. Porque el Señor tu Dios está contigo dondequiera que vayas.[12]

---

[11] 1 Pedro 1:6-7
[12] Josué 1:8-9

Él te conoció antes de que tú lo conocieras, ¡y él tiene un propósito para tu vida! Dios no deja que nuestras experiencias se desperdicien; en cambio, los usa para ayudar a otros y dar gloria a Jesús.

> Y sabemos que Dios hace que todas las cosas cooperen para el bien de quienes lo aman y son llamados conforme a su propósito. Pues Dios conocía a su pueblo de antemano, y los eligió para que llegaran a ser como su Hijo, para que su Hijo fuera el primogénito entre muchos hermanos y hermanas. Y a los que llamó, los hizo justos a sus ojos. Y llamándolos, les dio una posición justa con él. Y a los que hizo justos, les dio su gloria.[13]

> Y estoy seguro de que Dios, quien comenzó la buena obra en ustedes, la continuará hasta que quede finalmente terminada el día que Cristo Jesús vuelva.[14]

> Dios nunca cambia, y le dijo a Josué que estudiara su palabra diariamente: "Solo entonces prosperarás y te irá bien en todo lo que hagas. Mi mandato es: ¡sé fuerte y valiente! No tengas miedo ni te desanimes, porque el Señor tu Dios está contigo dondequiera que vayas". Su Espíritu Santo está siempre contigo, ¡así que sé valiente![15]

Has tenido pruebas y pruebas en tu vida, algunas de las cuales han fallado, pero mira a dónde te han llevado. ¡Reflexiona sobre lo lejos que has llegado y celebra lo que el Espíritu Santo te ha enseñado!

Desde una perspectiva clínica, hemos aprendido cómo el cerebro fragmenta y reprime los recuerdos traumáticos y cómo los desencadenantes sensoriales pueden reactivar las heridas emocionales. El daño moral, distinto del trastorno de estrés postraumático y la depresión, afecta la identidad, la confianza y la fe. Herramientas como la escritura expresiva, las discusiones grupales y la atención plena (especialmente la atención plena cristiana) ayudan a replantear las experiencias dolorosas,

---

[13] Romanos 8:28-30
[14] Filipenses 1:6
[15] Josué 1:8-9

calmando el centro emocional del cerebro (la amígdala) y permitiendo la curación a través de la neuroplasticidad, un proceso diseñado por Dios.

Desde una perspectiva espiritual, hemos rastreado el plan de redención de Dios desde los pactos del Antiguo Testamento hasta el sacrificio final de Jesús. El Día de la Expiación prefiguró a Cristo, quien tomó nuestros pecados sobre sí mismo para que pudiéramos reconciliarnos con Dios. A través de la Sagrada Comunión, recordamos su sacrificio y encontramos la unidad en Cristo. El Espíritu Santo nos capacita para caminar en fe, recuperarnos del pecado y compartir las Buenas Nuevas con los demás.

Al igual que Pedro, hemos tropezado, pero Dios conocía nuestro viaje mucho antes de que lo experimentáramos. No ha terminado con nosotros. A través de sus pruebas, sus límites y su gracia, él nos está convirtiendo en algo más fuerte. Dios tiene un plan para ti, y él usará todo lo que has aprendido para su propósito mayor.

Indicaciones de diario y preguntas grupales

Escribe tus respuestas a estas preguntas en tu diario para reflexionar y volver a revisarlas más tarde.

1. Mirando hacia atrás en las pruebas, tentaciones y pruebas pasadas, ¿dónde estaba Dios? En retrospectiva, y con lo que lees en este capítulo, ¿qué has aprendido de las experiencias? Dios no desperdicia nuestras experiencias (pero nosotros podemos); ¿Cómo usará él las pruebas pasadas en tu vida?
2. Mirando a los días y meses venideros, ¿cuáles son las posibles pruebas, tentaciones y tribulaciones que podrías encontrar?
3. ¿Cómo te prepararás?
4. Escribe un plan en tu diario para recordarlo más tarde. No es necesario que sea largo; pueden ser pasos numerados que tomarás.
5. ¿Qué desencadenantes emocionales aún te desafían?
6. ¿Cómo puedes prepararte para ellos con espíritu de oración?
7. ¿Cómo puede prepararse tu grupo pequeño para ayudarte?

8. Da la vuelta al círculo y comparte el progreso y las fortalezas que ven en el otro.
9. Comparte cómo se ha beneficiado del apoyo del grupo.

Capítulo 23
Del trauma a la compasión

Hace años, después del ensayo del coro en una pequeña iglesia, una amiga me preguntó si podía hablar conmigo. Compartió la desgarradora historia de su difícil embarazo y la pérdida de su hijo. Había sucedido unos años antes de que mi esposa y yo nos uniéramos a la iglesia. Ella y su esposo se habían reunido con amigos cristianos, orando fervientemente por la vida de su bebé. El niño nació prematuramente y, a pesar de los esfuerzos de médicos y enfermeras, no sobrevivió.

Sentados juntos en el santuario vacío, describió el funeral. Con un movimiento de sus manos, indicó el pequeño tamaño del ataúd. Nunca había pensado en ataúdes para bebés. Dijo que ver a su hijo en ese pequeño ataúd fue el momento más desgarrador de su vida.

Mientras me contaba su historia, lloré por ella. Me sentí culpable al saber que había perdido a su bebé mientras pedíamos oraciones por el nuestro, sin darme cuenta de los dolorosos recuerdos que debe haber despertado en ella. Recordé el apoyo inquebrantable que nos había brindado, sin insinuar nunca su propia pérdida. En ese momento, mi esposa y yo no teníamos idea de por lo que había pasado.

Había soportado un profundo daño moral. Ella, su esposo y toda la iglesia habían orado por la supervivencia de su hijo, pero Dios no respondió a sus oraciones de la manera que querían. Sin embargo, a pesar de su propia pérdida, oró fielmente por nuestros bebés y nos apoyó en todo. Nuestros gemelos nacieron prematuramente y a uno se le había dado menos del cinco por ciento de posibilidades de vivir. Pero las oraciones fueron respondidas y nuestro bebé sobrevivió.

Luego, con tranquila convicción, puso su mano sobre mi hombro y dijo: "Estoy bendecida". La miré fijamente, luchando por entender cómo podía decir eso. Pero no había amargura en su voz ni dolor, solo paz.

"Debido a que pasé por esa experiencia", dijo, "puedo consolar a otros que están pasando por eso. Entiendo. Oré por ti y por tu esposa porque sabía lo que estaba sintiendo. Dios me ha bendecido y fortalecido para orar con las mujeres que temen perder a sus bebés. Y cuando una madre pierde a su hijo, él me ha dado la capacidad de consolarla de una manera que otros no pueden".

Hizo una pausa, dándome un momento para asimilar sus palabras. Luego, suavemente, me pidió que la mirara antes de continuar.

"Dios no desperdició la experiencia", dijo. "Lo usó para algo bueno y ha bendecido mi vida".

Recuerdo que su semblante era fuerte y pacífico, un testimonio de cómo el Espíritu Santo había obrado en su vida y su fe en Dios.

Consolar a los demás

Sus palabras de esa noche se quedaron conmigo. Había encontrado un propósito en su dolor, permitiendo que Dios usara su experiencia para brindar consuelo a los demás. Me recordó el aliento que encontramos en la palabra de Dios:

> Alabado sea el Dios y Padre de nuestro Señor Jesucristo, Padre de compasión y Dios de todo consuelo, que nos consuela en todas nuestras tribulaciones, para que podamos consolar a los que están en cualquier tribulación con el consuelo que nosotros mismos recibimos de Dios. Porque así como los sufrimientos de Cristo fluyen a nuestras vidas, así también por medio de Cristo nuestro consuelo se desborda. [1]

Tómate un momento para reflexionar sobre tu propio viaje. Revisa tu diario y considera escribir tu historia nuevamente, esta vez con una nueva perspectiva. Pídele al Espíritu Santo que te guíe. ¿Puedes agregar lo que has aprendido en tu recuperación? ¿Qué papel juega Jesús en tu vida ahora? ¿Te ha consolado Dios? ¿Quién más ha caminado a tu lado?

---

[1] 2 Corintios 1:3-5, NVI

Cuando escribes tu historia con la mentalidad de "¿A quién puedo consolar y animar?", lo cambia todo. Tu perspectiva cambia, dando forma tanto al tono como al mensaje. Mi amiga pudo compartir su historia, honrando la memoria de su hijo y reconociendo el dolor sin sentirse abrumada por él. Ella tenía el control y, a través de su historia, Dios fue glorificado.

Después de leer mi historia a mi grupo de recuperación, me di cuenta de que había terminado. Ya no reflexionaba sobre eso ni me derrumbaba emocionalmente. Lo había dejado ir y era libre. Sé dónde está mi historia si alguien necesita escucharla, pero no la ofrezco a menos que me lo pidan. En cambio, me concentro en ayudar a otros a contar sus historias y encontrar la libertad del dolor emocional. Es mi oración que todos los que lean este libro experimenten esa misma libertad y, a su vez, puedan consolar a otros.

Indicaciones de diario y preguntas grupales

1. ¿Cómo te afectó su historia?
2. ¿Cómo crees que Dios usará tu historia para ayudar a otra persona?
3. ¿A quién puedes consolar? ¿Con quién puedes orar?
4. Escribe tu historia y luego compártela con tu grupo. Lo estás contando en un entorno seguro.
5. Hebreos 10:25 dice: "No dejemos de reunirnos, como algunos tienen la costumbre de hacer, sino animémonos unos a otros, y tanto más cuanto veis que se acerca el día". ¿Has hecho planes para continuar reuniéndote en un grupo pequeño después de esto?

Capítulo 24
Cómo Dios sana el alma herida

Dios sana nuestras almas heridas a través de un proceso profundamente personal que toca cada parte de nuestro ser: espiritual, emocional, mental y relacional. Esta curación no es instantánea, pero es real, transformadora y está arraigada en el amor y el poder de Jesucristo.

El perdón es uno de los primeros pasos. Implica liberar tanto nuestros pecados como los pecados de los demás a Dios, dejando ir la amargura y la necesidad de control. El perdón no excusa las malas acciones, nos libera de llevar la carga. Cuando perdonamos, ya no estamos atados al pasado y nuestros corazones comienzan a ablandarse, dejando espacio para la paz y la curación.

La redención está en el corazón de la sanidad de Dios. Jesús llevó todo el peso del pecado de la humanidad a la cruz, ofreciéndonos la oportunidad de ser renovados. Rechazar ese don es llevar lo que él ya llevaba. Cuando le entregamos nuestros fracasos y dolores, entramos en la realidad de ser redimidos, no por lo que hemos hecho, sino por quién es él.

La restauración viene a través de un pensamiento renovado. Dios reconfigura nuestras mentes a través de la neuroplasticidad, remodelando nuestros pensamientos para reflejar lo que es verdadero, honorable, puro y digno de alabanza. A medida que caminamos con él, nuestras percepciones cambian. El peso de la vergüenza y el diálogo interno negativo comienza a levantarse, y comenzamos a vernos a nosotros mismos y al mundo a través de sus ojos.

La unidad con Dios es posible a través de la morada del Espíritu Santo. Él nos conecta con el Padre y el Hijo y nos une con otros creyentes. La curación fluye a través de estas relaciones. Somos un solo cuerpo, y cuando una parte sufre, todos sufren con ella. Pero en esa experiencia compartida, Dios trae consuelo y fortaleza.

Una vida con propósito surge de nuestra curación. Dios no desperdicia nuestras heridas. Él los usa para convertirnos en personas que pueden escuchar, consolar y guiar a los demás. Al reflexionar sobre las Escrituras, orar, adorar y participar en el Cuerpo de Cristo, nuestro dolor encuentra un propósito. Nuestras historias se convierten en testimonios de su bondad.

Bendiciones improbables a menudo acompañan este viaje. Jesús dijo que los pobres de espíritu, los que lloran, los humildes, los misericordiosos, los puros de corazón, los pacificadores y los perseguidos son bendecidos. Estas no son las bendiciones que el mundo persigue, sino que son las bendiciones que vienen cuando Dios está cerca.

Finalmente, se nos da una nueva perspectiva: esta vida es temporal, pero nuestras elecciones importan para siempre. Se nos promete una eternidad gloriosa con Dios, y Jesús nos ha asegurado que incluso los actos más pequeños de bondad y fidelidad serán recompensados en el Cielo.

Así es como Dios sana el alma herida: a través del perdón, la redención, la restauración, la unidad, el propósito, la bendición y la esperanza de la eternidad. Es un camino de transformación, guiado por la gracia y hecho posible a través de Jesucristo. Él nos da la fuerza interior para mostrar amor y misericordia donde antes era imposible para nosotros.

> Pero a ustedes que están dispuestos a escuchar, les digo: ¡amen a sus enemigos! Hagan el bien a los que los odian. Bendice a los que te maldicen. Oren por aquellos que los lastiman. . . Si amas solo a los que te aman, ¿por qué deberías recibir crédito por eso? ¡Incluso los pecadores aman a los que los aman! Y si haces el bien solo a aquellos que te hacen bien, ¿por qué deberías obtener crédito? ¡Incluso los pecadores hacen tanto! . . ¡Ama a tus enemigos! Hazles el bien. Préstales sin esperar que se te devuelvan.
> Entonces su recompensa del cielo será muy grande, y realmente actuarán como hijos del Altísimo, porque él es bondadoso con los ingratos y los malvados. Sean compasivos [misericordiosos], así como su Padre es compasivo [misericordioso]. [1]

---

[1] Lucas 6:27-36, énfasis mío

Bibliografía y sitios web

Asociación Estadounidense de Psiquiatría. *"Rumiación: un ciclo de pensamiento negativo"*. 5 de marzo de 2020.

https://www.psychiatry.org/news-room/apa-blogs/rumination-a-cycle-of-negative-thinking

Baikie, Karen A. y Kay Wilhelm. "Beneficios para la salud emocional y física de la escritura expresiva". *Avances en el tratamiento psiquiátrico.* Publicado en línea por Cambridge University Press, 2 de enero de 2018. [https://www.cambridge.org/core/journals/advances-in-psychiatric-treatment/article/emotional-and-physical-health-benefits-of-expressive writing/ED2976A61F5DE56B46F07A1CE9EA9F9F]

Haugk, Kenneth C. *No cantes canciones con el corazón apesadumbrado: cómo relacionarse con los que sufren.* St. Louis, MO: Stephen Ministries, 2004.

Hickory, Jonathan. *Rompe todas las cadenas: la batalla de un oficial de policía contra el alcoholismo, la depresión y la pérdida devastadora; y la verdadera historia de cómo Dios cambió su vida para siempre.* Charlottesville, VA: Comunicaciones y publicaciones creativas, 2018.

Koenig, Harold G. y Faten Al Zaben. "Daño moral: un síndrome cada vez más reconocido y generalizado". *Revista de Religión y Salud* 60, no. 5 (2021): 2989–3011. Biblioteca Nacional de Medicina de los Institutos Nacionales de Salud. https://pubmed.ncbi.nlm.nih.gov/34245433/.

Nueva versión internacional. *La Santa Biblia, Nueva Versión Internacional.* Grand Rapids, MI: Zondervan, 2011.

Norman, Sonya B. y Shira Maguen. "Daño moral". TEPT: Centro Nacional para el TEPT. Consultado el 1 de octubre de 2024.

https://www.ptsd.va.gov/professional/treat/cooccurring/moral_injury.asp

Pennebaker, James W. y John F. Evans. *Escritura expresiva: palabras que sanan.* Enumclaw, WA: Idyll Arbor, Inc., 2014.

Pennebaker, James W. y Joshua M. Smyth. *Abrirse escribiéndolo: cómo la escritura expresiva mejora la salud y alivia el dolor emocional.* Nueva York, NY: The Guilford Press, 2016.

Centro de Tratamiento y Recuperación de TEPT y Trauma. "Daño moral". PTSDinfo.org. Consultado el 1 de octubre de 2024. https://ptsdinfo.org/moral-injury/.

Scott, Elizabeth. "Cómo las distorsiones cognitivas alimentan sus factores estresantes". Muy bien mente. Última modificación noviembre 27, 2023. Revisado por Rachel Goldman, PhD, FTOS. https://www.verywellmind.com/cognitive-distortions-and-stress-3144921?print

Svoboda, Elizabeth. "El daño moral es una epidemia invisible que afecta a millones: un tipo específico de trauma se produce cuando se violan los principios básicos de una persona en tiempos de guerra o una pandemia". *Científico americano.* Consultado el 1 de octubre de 2024. https://www.scientificamerican.com/article/moral-injury-is-an-invisible-epidemic-that-affects-millions/

La Fundación Lockman. *Biblia amplificada.* Ed. actualizada Grand Rapids, MI: Zondervan, 1987.

Tozer, A. W. *El conocimiento de lo sagrado.* Nueva York: HarperCollins, 1961.

Editores de la casa Tyndale, ed. *Nueva Biblia de Estudio de Traducción Viviente.* Carol Stream, IL: Casa Tyndale, 2008.

Watson, Patricia, Sonya B. Norman, Shira Maguen y Jessica Hamblen. "Daño moral en los trabajadores de la salud". TEPT:

Centro Nacional para el TEPT. Consultado el 1 de octubre de 2024. https://www.ptsd.va.gov/professional/treat/cooccurring/moral_injury_hcw.asp.

Wright, Kristen Webb. "Diario de salud mental: los beneficios de escribir para el bienestar". *Day One Blog,* 8 de mayo de 2024. https://dayoneapp.com/blog/mental-health-journaling/.

Zodhiates, Spiros, ed. *La Biblia de Estudio Clave Hebreo-Griega, Nuevo Estándar Americano.* Chattanooga, TN: AMG Publishers, 1984.

Sobre el autor

Todd K. Duke dirige cursos de recuperación de traumas y adicciones con un enfoque en la curación espiritual y emocional. Maestro de corazón, Todd ha escrito material de educación cristiana, ha hablado ante audiencias grandes y pequeñas en entornos profesionales y ministeriales, ha dirigido coros, ha dirigido la adoración y ha facilitado grupos de apoyo.

Ha servido en viajes misioneros en India y África y continúa siendo voluntario en San Antonio, Texas, donde vive con su esposa, Debi. Su pasión es ayudar a otros a redescubrir la esperanza, la curación y el propósito que Dios les ha dado, especialmente a aquellos que se sienten agobiados por el trauma, la adicción o el daño moral.

Dios sana el alma herida nació de años de caminar junto a personas que necesitaban respuestas reales, no soluciones rápidas. Todd cree que la verdadera recuperación no se trata solo de un cambio de comportamiento, sino de sanar el alma a través de la fe, la gracia y la comunidad.

Cuando no está enseñando o escribiendo, Todd disfruta pasar tiempo con sus nietos, estudiar la Biblia, hacer ejercicio, aprender el arte de la carpintería y trabajar en su primera novela.

Todd está disponible para hablar en iglesias, retiros o grupos de recuperación.